叔本華格言集

林郁 主編

前言

　　一七八八年，叔本華出生於但澤（今波蘭）一個名門望族的商人家庭，父親是富有的銀行家，母親是風靡一時的通俗小說家。本來其父指望他繼承祖業經商，將來成為「世界商人」，但叔本華自小就對文科學習感興趣。為使他放棄自己的志向，父親便以將來棄學從商為條件，帶他出國旅行。年少的叔本華抵制不住誘惑，便隨父母遊歷了兩年。途經荷蘭、英國、法國、瑞士、奧地利、薩克森等國。這次周遊列國非但沒有使他改變初衷，反而對他的思想形成起了很大的影響。當時歐洲大陸連年戰亂，政局動盪，經濟凋敝，民不聊生。對此，叔本華的悲觀主義人生觀開始露出端倪。一八〇五年叔本華十六歲那年，父親經商受挫，投河自殺，這使叔本華愈加覺得人生的可悲，並將父親之死遷怒於母親的輕浮。

　　叔本華的母親在寫作上小有名氣，年輕貌美，風流放蕩。叔本華看不慣水性楊花的母親。尤其是父親死後，母子反目日甚，這位人稱「沒有靈魂的女人」、「硬心腸的女人」，並不欣賞兒子對人生所具有的天才式領悟能力，

反而加以諷刺挖苦；母子相互輕視、劍拔弩張、形同路人，以致叔本華在他有生的最後廿四年再未見其母親；這也是他人生的一大悲劇。

父親死後，叔本華舉家由漢堡遷往魏瑪，因此結識了大文豪歌德並得到他的賞識。

一八一二年，叔本華就讀於柏林大學攻讀哲學，他開始樹立自我意識，進行獨立思考。一八一三年完成博士論文《論充足理由律的四重根》，奠定了他哲學體系的認識論之基礎，獲得了耶魯大學哲學院講師資格。叔本華崇拜印度佛陀，在此時期他鑽研了印度哲學名著《奧義書》等，吸取了人世悲觀思想。印度神秘主義構成了他哲學體系的靈魂。

一八一八年，三十歲的叔本華完成了他的哲學思想代表作《意志與表象的世界》，在西方哲學史上奠定了唯意志論的基礎。但叔本華的力作起初是受到冷遇的，他氣惱、心酸，又遷怒於當時的哲學大師黑格爾，認為哲學界是以冷冷的沉默來窒息他這個天才。一向自命不凡的叔本華於是企圖與黑格爾對壘較量，結果一敗塗地。一八四三年，他完成了《意志與表象的世界》第二卷，但銷售仍然毫無起色。他把這歸咎於「時代的不公平和無能」。

一八五一年，《附錄和補充》的出版，使山窮水盡的叔本華終於達到「柳暗花明又一村」的境地。一八四八

年，資產階級革命失敗後，人們意志消沈，叔本華的悲觀思想符合了人們的口味，由此他名聲大振。《關於叔本華的通信》、《叔本華大辭典》、《叔本華全集》相繼出版，波恩、布魯塞爾等地開設有關叔本華的課程，柏林皇家科學院還打算授予他院士稱號，但遭到他拒絕。晚年的盛譽使叔本華頗為心滿意足。

叔本華一生都是孤獨的，沒有最親密的親人、朋友，只有捲毛狗與他作伴，因為他相信「不能向敵人說的話，也不能向朋友說。」他對人充滿懷疑，認為人都是狡點可怕的。他有愛財惜命的怪癖，時刻擔心有人謀財害命。他不用德文記載財產帳目；為保全生命，過著極端恐怖的生活，為逃避想像中的災難，曾經多次搬家。

一八六〇年九月二十一日叔本華因肺炎去世，享年七十二歲，他終於傲然地在孤獨的人生旅程中劃下了休止符。而他的墓碑上除名字外，其他全無。

CONTENTS

第一部

人生論

人生的意義

所謂人生，
就是任憑造物主在痛苦和倦怠之間擺動。
—— 愛與生的苦惱

所以，人生的目的，
人生的最大真理是把握當下、及時行樂。
—— 生存空虛說

縱使只有一個人留在世上，而其餘的人都已毀滅，
那個還留在世上的人仍會完整無損地擁有這個世界，
並且會嘲笑世人的毀滅是一種錯誤的幻想。
—— 人生的智慧

如果我們注視紛擾的人生，
就會發現人們盡是為窮困和不幸所煩惱，
再不就是充滿無窮盡的慾求。

——生存空虛說

人生是一種迷惘，
沒有任何事物值得我們奮鬥、努力和爭取，
一切財寶到最後都是空無。
這個世界終必歸於破滅，
而人生乃是一宗得不償失的交易。

——愛與生的苦惱

因為人是慾望的複合物，
是很不容易滿足的；
即使得到滿足，
那也僅能給與沒有痛苦的狀態，
但卻帶來更多的煩惱。
這個煩惱的感覺是人生空虛的成因，
也直接證明生存的無價值。

——生存空虛說

所謂人生，

就是任憑造物主在痛苦和倦怠之間擺動。

—— 愛與生的苦惱

所謂人生，
就是在慾望和慾望的成就之間不斷流轉。

—— 愛與生的苦惱

人既然存在，他就不得不存在，
既然活著，他就不得不活著。
就是這樣，人生實是一種無可奈何的事。

—— 人生的智慧

只有「現在」才是真實的，
其他的一切不過是思想的遊戲；
不論人類世界或動物界，
如此偉大而多彩多姿的不息之運動，
竟只是由飢餓和性慾兩種單純的衝動所引起、所維持；
還要加上煩悶的感覺，
同時這些東西竟能操縱極其複雜且變化多端的所謂人生，
供給其主要動力。

—— 生存空虛說

我們在生活中只有放棄一切不相干的要求，

對一切別的東西選擇棄權，

才能真正嚴肅、幸運地追求任何一個固定的企圖，

不管追求的是榮譽、是財富、是科學、是藝術或是美德。

——意志和表象的世界

我們做夢，

難道我們整個人生不也是一個夢嗎？

——意志和表象的世界

人生和夢都是同一本書的頁子，

依次聯貫閱讀叫做現實生活。

如果在每次閱讀的鐘點終了，

而休息的時間已到來時，

我們也常不經意地隨便——

這兒翻一頁，那兒翻一頁，

沒有秩序，也不聯貫；

常有已讀的、也常有沒讀過的，

不過，總是同一本書。

——意志和表象的世界

所謂人生，

就是在慾望和慾望的成就之間不斷流轉。
—— 愛與生的苦惱

世上有利之事也有其弊，

有弊之事亦是必有其利。

陰鬱憂慮的人所遭遇和必須克服的困厄多半是想像的，

而歡樂又漫不經心的人所遭受的困苦都是實在的。

因此，凡事往壞處想的人不容易受失望的打擊；

反之，凡事只見光明一面的人卻常常不能如願。

—— 人生的智慧

人類就是慾望和需求的化身，是無數慾求的凝聚。

人類就是帶著這些慾求，

在沒有任何幫助以及對一切都滿懷不安的情形下，

生存在這個世界上。

—— 愛與生的苦惱

人在生活的經驗中發現一件法寶，

那就是不斷地衝突，死時也手握著寶劍。

好可笑的人世啊！你們所尊拜的帝王，

只不過在荒塚中多埋了幾把寶劍！

—— 人生的智慧

人在一生當中的前四十年，寫的是本文，
在往後的三十年，
則不斷地在本文中加添註釋。
——人生的智慧

儘管世界充滿昭然若揭的悲慘之事，
一般人仍打著樂天主義的旗號。
在這種場合中，生命被稱為是一種贈物。
——愛與生的苦惱

綜觀人的一生，
若只就其最顯著的特徵來看，
通常它是一個悲劇；
但若仔細觀察其細節，
則又帶有喜劇的成分。
——愛與生的苦惱

人世間是偶然和錯誤兩者的王國，
它們在這裡毫無情面地既支配著大事也支配著小事。
——意志和表象的世界

所以，人生的目的，

人生的最大真理是把握當下、及時行樂。
—— 生存空虛說

我絕不後悔我所追求過的，
但卻可以後悔我所做過的；
因為我可以是被錯誤的概念所誘導，
而作出了什麼與我的意志不相符合的事，
在事後有了較正確的認識時看透這一點，就是懊悔。
—— 意志和表象的世界

從願望到滿足，又到新的願望，這一種不停的過程，
如果輾轉得快就叫幸福，慢的話就叫痛苦，
如果停頓，那就使生命僵化呈現出苦悶、空虛與無聊。
—— 意志和表象的世界

同在一個舞台上，
有的人是帝王，有的人是宰相，
有的人是將軍、士兵或僕人和其他等等，
他們彼此的不同只不過是外在的不同而已，
但各種角色內層核心的實質卻是相同的；
大家都是可憐的演員，
對自己的命運充滿著渴望與焦慮。
—— 人生的智慧

表面的人生，

有如粗糙的貨品塗上彩飾一般，

通常苦惱都被隱藏著，

反之，手中若有什麼引人側目的華麗物品，

任何人都會拿出來搬弄一番；

人心的滿足愈欠缺，

愈希望別人認為他是幸福的人。

——愛與生的苦惱

慾望、煩惱接踵而來，

人生沒有任何真正的價值，

只是由「需求」和「迷惘」所支使而活動；

只要這種運動一停止，

生存的絕對荒蕪和空虛，便會馬上表現出來。

——生存空虛說

一個正直而會思慮的人，

當他瀕臨人生的終點時，

一定不希望再度生於此世，

反而寧願選擇完全的虛無。

——愛與生的苦惱

世界彷彿是一個大戰場，

到處可以看到拚死拚活的戰爭。

—— 愛與生的苦惱

大多數的人，終其一生，
外在生活是那樣空虛無意義，
內在則是愚蠢而不自覺，
實在可悲可嘆！

—— 愛與生的苦惱

我們的生命就像是接受金錢的支付之餘，
還得交出一張收據。
就這樣，每天每天領受著金錢，
而開出的收據就是死亡。

—— 愛與生的苦惱

世界彷彿是一個大戰場，
到處可以看到拚死拚活的戰爭。

—— 愛與生的苦惱

世界上有幾個人，
不是把自己的快樂建築在別人的痛苦上呢？

—— 人生的智慧

世界最偉大、最重要，
而且意義最深、最值得的現象，
並非「世界的征服者」，
而是「世界的克服者」。
—— *愛與生的苦惱*

舞台上的種種悲傷離合和各種悲慘待遇，
所提示給觀眾的是人生的悲慘和無價值，
即是人生所有的努力等於零。
—— *生存空虛說*

我們的一生必須帶著一切悲劇性的苦惱，
似乎命運對我們生存的無奈也加以嘲笑；
而且我們還不能堅持悲劇性人物的品位，
在人生流轉的廣泛細節中，
有時仍不得不扮演愚蠢的喜劇角色。
—— *愛與生的苦惱*

在這個世界上，

除了某些宗教之外，
沒有人會默默地接受侮辱的。

——人生的智慧

如果我們想像一下人生的不幸、痛苦與災難，
我們就會承認在太陽的光照下，
地球若像月球一樣只是結晶體，
沒有生命的現象，那該有多好呢！

——人生的智慧

雖有大大小小的煩惱充塞每個人的一生，
使人生常在不安和動盪中，
然而仍不能彌補生活對於填滿精神的無能為力，
不能彌補人生的空虛和膚淺，也不能拒絕無聊；
無聊總是等著去填補憂慮讓出來的每一段空隙。

——意志和表象的世界

別忘了，
值得做的事情都是難做的事。

——人生的智慧

了解人生的幻滅是最正確的。
能做如是之想，則一切問題就可迎刃而解了。

——生存空虛說

歷史有如萬花筒，
每當迴轉時，都讓我們看到了新的形狀；
而事實是不論何時，
我們所看到的都是相同的東西。
—— *愛與生的苦惱*

我們每個人都像曠野中的羔羊一樣，
在屠夫的耽視下，作出無知的嬉戲。
—— *人生的智慧*

如果我們要找到一個可靠的指南針來指導我們的人生，
最有用的方法莫過於把自己看成置身在贖罪的世界中；
這個世界是一個處罰人的殖民地。
—— *人生的智慧*

人生有如充滿暗礁和漩渦的大海，
雖然人類曾小心翼翼地加以迴避，
然而，即使用盡手段和努力，幸能順利航行，
人們也知道他們正一步步地接近遇難失事的時刻和地點。
—— *愛與生的苦惱*

世界上有幾個人，

不是把自己的快樂建築在別人的痛苦上呢?!

—— 人生的智慧

人類可比之於炊煙、火焰或者瀑布，
如果沒有從他處而來的東西流入，
立刻就會衰竭、停止。

—— 生存空虛說

我們對別人的基本傾向是羨妒還是同情，
這一點決定了人類的美德和惡德。

—— 人生的智慧

人生所呈現的就是或大或小，
從無間斷的欺瞞，
一個願望遙遙向我們招手，
我們便鍥而不捨地追求或等待，
但在獲得之後，立刻又被奪去。

—— 愛與生的苦惱

在這個世界上，
除了某些宗教之外，
沒有人會默默地接受侮辱的。

—— 人生的智慧

我們要評斷人生的幸福，
不是從歡愉與快樂來評斷，
而是要從它能解脫痛苦的程度來看，
也就是從能夠解脫積極罪惡方面來看。
　　　　　　　——人生的智慧

自然給我們何種存在形式，我們原該接受那種形式，
也就是順乎自然，人絕不能超越自然的。
　——人生的智慧

生命的幸與不幸，
並不在於降臨之事物本身的苦或樂，
而端視我們如何面對這些事物，
我們感受性的強度如何！
　　　　　　　——人生的智慧

任何人都無權將自己視為一個純粹道德的審判者和報復者；
而以自己加之於人的痛苦來找別人的過失算帳，
也就是責成別人為過失而懺悔。
　——意志和表象的世界

我們的生活樣式，就像一幅油畫，

從近看，看不出所以然來，
要欣賞它的美，就非得站遠一點不可。
—— 生存空虛說

我們一定要把生存當做是一種懲罰、一種贖罪的行為；
唯有如此，才能正確地觀察世界。
—— 愛與生的苦惱

如果我們既已知悉自己的優點和弱點，
我們就不會想炫示自己所沒有的力量，
不會買空賣空，冒充能手。
—— 意志和表象的世界

在未被吞滅之際，
我們就以巨大的熱誠和想方設法，
努力來延長我們的壽命，愈長愈好；
就好比吹肥皂泡泡，儘管明知必然破滅，
卻還要盡可能地吹下去、吹大一些……
—— 意志和表象的世界

人類個體投進茫茫空間和漫漫時間之中，
是以有限之物而存在，
與空間和時間的無限相比，幾等於零。
—— 愛與生的苦惱

人類生存的形式是「不安」。
―― 生存空虛說

我們的生存，
除了「現在」漸漸消失外，
再也沒有可供立腳的任何基礎。
生存的本質是以不斷地運動做為形式，
我們經常追求的寧靜根本是不可能的。
―― 生存空虛說

我們的生存類似一種過失的結果，
一種應該接受懲罰的情慾之結果。
―― 愛與生的苦惱

肉體既是意志的客體化形式，亦是具象化的意志，
所以只要肉體生存著，即有求生意志的存在，
它時時燃起熊熊的烈火，努力地在現象中顯露它的姿態。
―― 愛與生的苦惱

在生前被立起紀念碑的人，

後代都不會相信這種評價。

—— 人生的智慧

生命意志不是生滅所能觸及的，

正如整個自然不因個體的死亡而有所損失是一樣的。

這是因為大自然關心的不是個體，

而僅僅只是物種的族類。

—— 意志和表象的世界

與其說人類的生存是一種贈物，

莫若說是一種負債契約；

負債的原因是由於生存的實際要求、

惱人的願望及無限的窮困。

—— 愛與生的苦惱

在動物之中，

比在人類之中更能看到赤裸裸的生命意志，

因為人是用許多知識包裹起來的，

此外，又是被偽裝的本領掩飾起來，

以至他的本質幾乎只是偶然在不經意間才會顯露出來。

—— 愛與生的苦惱

「世界是我的表象。」這是一個真理，
是對於任何一個生活著和認識著的生物都有效的真理；
不過只有人能夠將它納入反省、抽象的意識罷了。
　　—— 愛與生的苦惱

人類對於生命的強烈執著，是盲目而不合理的。
這種強烈的執著充其量只在說明，
求生意志就是我們全部的本質。
　　—— 愛與生的苦惱

在世界上的每個人很少願意向他人說：
「我比你快樂。」
大多是互不相讓地說：
「我的遭遇實在比你還要悲慘。」
　　—— 人生的智慧

一個痴呆的人，
看不出貌似互不相關而實際上是串通行動的人們，
所以，他很容易陷入別人布置的疑陣和陰謀之中。
　　—— 意志和表象的世界

生長於良好環境裡的人，

通常比憑運氣致富的暴發戶更為節省和小心盤算未來。

——人生的智慧

一個人的命運自生下來就注定不能改變了，

如何的只能在已注定的生命活動線上開展自己；

我們的生命就像行星一樣，

在什麼樣的位置就在什麼樣的位置。

——人生的智慧

生命就像在一個題目上，
發揮不同的內容罷了。

——人生的智慧

各人依身分和財富的不同而扮演不同的角色，

但這絕不意謂大家內在生命的快樂與歡愉有什麼差異；

我們都是集憂患困厄於一身，可憐兮兮地活到死而已；

每個人展示生命內容的原因當然不同，

但生命形式的基本性質卻是一樣的。

——人生的智慧

生長於良好環境裡的人，

通常比憑運氣致富的暴發戶更為節省和小心盤算未來。

——人生的智慧

我們的生活樣式，就像一幅油畫，
從近看，看不出所以然來，
要欣賞它的美，就非得站遠一點不可。
—— 生存空虛說

在生前被立起紀念碑的人，
後代都不會相信這種評價。
—— 人生的智慧

一個詩人能夠深刻而徹底地認識人，
但他對於那些具體的人卻認識不夠；
他是容易受騙的，在狡猾的人們手裡，
他是被人作弄的玩具。
—— 人生的智慧

在歷史上看起來極為重大的行為，
在內在意義上很可能是平凡庸俗的。
相反地，日常生活中的任何一幕，
如果人的行為、人的慾求，
都能夠在這一幕中毫髮畢露，
也可能有很大的內在意義。
—— 意志和表象的世界

如果一個人喜歡侮辱別人，

這種人實在是具有壞品質的。

　　　——人生的智慧

連那些本身已有薄名的，

也不喜歡新的好名聲的人物產生，

因為別人成功的光輝，會將他擲入黑暗之中。

　　——人生的智慧

　　　　　　當你與人接觸時，不論是什麼樣的人，

　　　都不要根據他的成就和尊嚴，對他作客觀的評價。

　　　　　　　　　　　　　　　——人生的智慧

人們從別人的身上享受了多少，

就要對別人付出回報多少。

　　——意志和表象的世界

　　　　　　　　　　一個人如果能戰勝自己，

　　　　　　經常能夠很清楚地看透事物的整體性，

　　　　　　　　　以及與它相關聯的一切；

　　　這樣，他就不會在實際中賦予慾望和希望的色彩，

　　　　　　　　　為此即可迴避痛苦或妄想。

　　　　　　　　　　　　　　——愛與生的苦惱

誰能說預防不幸的小心謹慎是過分的呢？
只有那些知道命運是如何百般惡毒的那種人。
　　——人生的智慧

我們如不為獲得某種東西而努力，
或是不埋頭於學術性的研究，
是不能賴以維生的。
　　——生存空虛說

幾乎每個人在日常與他的同胞接觸時，
都希望他人有不如自己之處；
在政治圈裡，這種情形更為顯著。
　　——人生的智慧

人類相互之間儘管沒有愛心，
卻能熱心相助，這也是社交的起源。
　　——生存空虛說

人們從別人的身上享受了多少，

就要對別人付出回報多少。

—— 意志和表象的世界

放眼世界，任何時刻、任何地點所目睹的景象，

不外是人類面對一切威脅的危險和災難，

為維護自己的生命和存在，

鼓起肉體和精神的全部力量，

而不停地戰鬥，猛烈地抗爭。

—— 生存空虛說

心智的生活非但可以防禦「厭倦」，

還可避免厭倦的種種惡果，

它使我們遠離惡友、危險、不幸、損失和浪費。

這些都是把幸福全部寄托於外界的人，所必然遭受的苦惱。

—— 人生的智慧

我們所處的世界如何？

主要是我們以什麼方式來看我們所處的世界。

—— 人生的智慧

我們用不著抱怨世俗目的的低下，

因為不管人們說什麼，它們卻統治著世界。

—— 人生的智慧

生於窮苦的人有著堅定的信心，他們相信命運；
也相信天無絕人之路——相信頭腦，也信賴毅力。
與富人不同，他們不把貧窮的陰影視成無底的黑暗，
卻很堅定的相信，一旦再摔到地上，還可以再爬起來。
　　　　　——人生的智慧

唯有世界的克服者才能放棄那充滿整個世界、
無時無刻蠢蠢歡動的求生意志，
學會否定的認識，平靜地度其一生；
唯有世界的克服者始能表現其意志的自由，
因而他們的言語、行動才顯得與世俗格格不入。
　——愛與生的苦惱

到處都是涼爽的場地，
但我們卻是生存在必須不停地跳躍疾走——
在灼熱的煤炭所圈成的圓周線上。
被迷妄所惑的人，
只要偶爾在立足處涼快的地方，便可得到慰藉，
於是，繼續繞著圓周跑下去。
　　　　　——愛與生的苦惱

我們所處的世界如何？

主要是我們以什麼方式來看我們所處的世界。
—— 人生的智慧

一個窮光蛋由於從每方面來看都是完全不如人，
更由於他是全然的渺小微不足道，
他反而能悄悄地在政治把戲中取得一席之地。
—— 人生的智慧

人在年輕的時候，常遐思未來的人生，
這就像坐在戲院裡興高彩烈的兒童，
正等待拉開帳幕上演戲劇一樣。
—— 人生的智慧

一個計劃總會遇到許多阻力，沿途布滿荊棘；
並且當你好不容易克服一切而獲得時，
實際上你只是除了免除一種苦惱，
或一種願望之外，再也得不到什麼，
它和此一願望未表現之前的狀態，並無絲毫差異。
—— 愛與生的苦惱

人的生活一方面是被「希望」所愚弄，
一方面是跳進「死亡」的圈套。
—— 生存空虛說

人類相互之間儘管沒有愛心，

卻能熱心相助，這也是社交的起源。

—— 生存空虛說

我們要獲得或達成某種事情，總是困難重重。

從健康和生活的享樂方面看，

生命之始與結束之間的道路常呈下坡之勢。

歡樂的兒童期，多姿多彩的青年期，

困難重重的壯年期，虛弱堪憐的老年期，

最後一段是疾病的折磨和臨終的苦悶，

很明顯呈一條斜坡，每況愈下。

這樣看來，生存本身已是一個大錯，接著又一錯再錯。

—— 生存空虛說

人生之中的每時、每日、每周、每年，

都是或大或小、形形色色的災難，

他的希望常遭悖逆，他的計劃時遇頓挫；

這樣的人生，分明已豎起使人憎厭的標記，

為何大家竟會把這些事情遺漏了，

而認定人生是值得感謝和幸福的，

實在令人莫名其妙。

—— 愛與生的苦惱

第二節

人生與苦惱

空虛無聊不是一件可以輕視的災害，
到了最後，它會在人的臉上刻畫出真正的絕望。
—— 意志和表象的世界

在一般市民生活中，
星期日代表空虛無聊，
六個工作日則代表疲乏。
—— 意志和表象的世界

智力愈發達，
痛苦的程度愈高。
—— 意志和表象的世界

一切生命的本質就是苦惱。

—— 愛與生的苦惱

所擁有的愈多，
愈會增加對痛苦的感受力。

—— 愛與生的苦惱

疲乏和痛苦一旦予人喘息，
空虛無聊又會立即圍攏來，
以致人必然又需要消遣。

—— 意志和表象的世界

苦惱和死亡是聯結在一起的。
它們製造了一條迷路，
雖然人們希望離開它，但卻相當困難。

—— 愛與生的苦惱

所擁有的愈多，

愈會增加對痛苦的感受力。
—— 愛與生的苦惱

如果我們經常感嘆人生的短促，
但短促豈非正是一種幸運？
如果我們經常感嘆的痛苦與不幸統統擺在他的眼前，
他必然會大吃一驚，不寒而慄。
—— 愛與生的苦惱

人生的幸福與快樂原沒有積極的意義，
有積極意義的反而是痛苦。
—— 人生的智慧

人的一生在推陳出新的嚴苛要求下，
要維持自己的生存，通常必定充滿憂慮。
—— 愛與生的苦惱

一切痛苦始終不是別的什麼，
而是未曾滿足和被阻撓了的慾求。
—— 意志和表象的世界

世界上產生痛苦的事，
原本比製造快樂的要多。
　　　　　　　——人生的智慧

意志愈是激烈，
則意志自相矛盾的現象愈是明顯，痛苦也會愈大。
　　——意志和表象的世界

在人的心理的自然傾向上，
我們卻常常會忘記自己過去的快樂經驗，
對於痛苦的遭遇卻很少人能磨滅；
這就證明人在根性上原是與痛苦同在的。
　　　　　　　——人生的智慧

人類的幸福有兩種敵人：痛苦與厭倦。
即使我們幸運的遠離了痛苦，我們便會靠近厭倦；
若遠離開了厭倦，我們便又會靠近痛苦。
　　——人生的智慧

苦惱和死亡是聯結在一起的。

它們製造了一條迷路，
雖然人們希望離開它，但卻相當困難。
——愛與生的苦惱

災禍的發生往往是在一瞬間的事情。

——愛與生的苦惱

每個人的不幸似乎是一種特殊的事件。
請問世界上有誰沒有特殊的不幸？
將許許多多特殊的不幸歸納在一起，
難道世界的規律不就是普遍的不幸！
——人生的智慧

人受意志的支配與奴役，
他無時無刻不停地試圖尋找什麼；
每一次尋找的結果，
無不發現自己原是與虛無同在，
最終不得不承認這個世界的存在原是一大悲劇，
而世界的內容則全是痛苦。
——人生的智慧

正如努力並沒有最終目標，
苦惱也永無休止。
——愛與生的苦惱

我們經常所遇到的痛苦，
常是我們所想像的痛苦；
只有中年喪妻、老年喪子的人，
才能了解痛苦它會令人深刻到什麼程度。
——人生的智慧

要消除一種痛苦本就十分困難；
即使有幸獲得了成功，
痛苦也會立刻以數以千種其他姿態呈現；
其內容因年齡、事態之不同而異，
如性慾、愛情、嫉妒、憎恨、
抱怨、野心、貪婪、病痛等皆是。
——愛與生的苦惱

在現實上，我們存在的痛苦，
卻無時無刻備受著時間的壓力；
它就像一個監工一樣，
手拿著鞭子，不讓我們有片刻的喘息。
——人生的智慧

世界上產生痛苦的事，

原本比製造快樂的要多。

—— 人生的智慧

透過藝術的創作與欣賞，
我們將意志所滋生的慾望世界，
提升到忘我的精神境界中，
這時我們可暫時忘卻人世間的不幸與痛苦。

—— 人生的智慧

由於內在的空洞，
人們尋求社交、娛樂和各類享受，
因此，就產生了奢侈浪費與災禍。

—— 人生的智慧

普通的報仇是以 ——
看到自己加於仇人的痛苦來減輕自己所受的痛苦。

—— 意志和表象的世界

窮人所要忍受的是痛苦，
富人所受的煎熬是厭倦，
誰敢說厭倦不是痛苦？

—— 人生的智慧

每個人的內心都藏有一頭野獸，

只等待機會去咆哮狂怒，

想把痛苦加在別人身上；

或者，如果說別人對他有所妨礙的話，還要殺害別人。

——人生的智慧

過分的歡樂和痛苦，
總是基於錯誤和幻覺的。

——意志和表象的世界

貪慾之產生，基於一個原則，

就是認為一切快樂在效用上只是消極性，

而包含一連串快樂的幸福則是幻想；

相反地，痛苦卻是積極性的，也是極端真實的。

——人生的智慧

一切慾求作為慾求而言，
都是從缺陷，也即是從痛苦中產生的。

——意志和表象的世界

一切痛苦始終不是別的什麼，

而是未曾滿足和被阻撓了的慾求。

—— 意志和表象的世界

一切的追求掙扎都是由於缺陷，
由於對自己的狀況不滿而產生的；
所以，只要一天不得滿足就會痛苦一天。

—— 意志和表象的世界

造成不幸的是盲目與命運，
也即是偶然和錯誤。

—— 意志和表象的世界

不管自然如何安排，
不論幸運是否曾降臨你身上，
不管你是王侯將相或販夫走卒，
不論你曾經擁有什麼，
痛苦仍是無法避免的。

—— 愛與生的苦惱

人類是應該悲慘的，
因為人類所遭受的災禍根源乃在於人類本身，
「人便是吃人的狼。」

—— 人生的智慧

在充滿悲慘與痛苦的世界中，

我們究竟能求得什麼呢？
每人個到頭來除了自己之外，
原來都是一無所有啊！
——人生的智慧

一種深刻的悲傷或強烈扣人心弦的興奮，
只有來自剛產生變化的那一瞬間。
——愛與生的苦惱

苦惱總會在現在中占領一個位置，
若移去現在的苦惱，
從前被拒絕在外的其他苦惱必定立刻乘虛而入，
占據原來的位置。
——愛與生的苦惱

如果有件巨大的不幸，
平日我們只要一想到它就會戰慄，
現在果真發生了，我們這時的情緒，
整個說起來只要忍過第一陣的創痛，
以後也就不會再有什麼很大的變化了。
——意志和表象的世界

當我們沒有享受或歡樂時，
我們總是痛苦地想念它。
——愛與生的苦惱

由於內在的空洞，

人們尋求社交、娛樂和各類享受，
因此，就產生了奢侈浪費與災禍。
──人生的智慧

經驗告訴我們，
一種即使想像起來亦足以令人不寒而慄的大災難，
一旦降臨於實際上的生活，
從發生以至克服它的期間，
我們的全體氣氛並未有任何改變；
反之，獲得長期間所急切等待的幸福後，
亦不會感到有任何特別的愉快欣慰。
──愛與生的苦惱

苦惱就是意志和一時性的目標之間有了障礙，
使意志無法稱心如意；
反之，所謂滿足、健康或幸福，
即為意志達到它的目標。
──愛與生的苦惱

人生的路途崎嶇坎坷，
充滿荊棘和顛簸；
肉體生命的死亡經常受到阻塞，受到遲緩，
使我們的精神苦悶不斷地往後延伸。
──愛與生的苦惱

在任何一種困難使我們的憂懼超乎尋常時，
突然回憶到過去和遙遠的情景，
就好像是一個失去的樂園又在我們面前飄過似的。
—— 意志和表象的世界

某種程度的艱難和困擾，
對每個人來說，
在任何時候都是必要的。
這就好像一艘船如果沒有壓艙物，
便不會穩定，不能朝目的地前進。
—— 人生的智慧

一個人的認識愈明晰，智慧愈增，他的痛苦也就愈多；
身為天才的人，他便有最多的苦惱。
—— 愛與生的苦惱

悲劇的真正意義又是一種深刻的認識，
認識到悲劇主角所贖的不是他個人特有的罪，
而是原罪，亦即生存本身之罪。
—— 意志和表象的世界

一切的追求掙扎都是由於缺陷，

由於對自己的狀況不滿而產生的；
所以，只要一天不得滿足就會痛苦一天。
—— 意志和表象的世界

對不快樂的印象受容性愈強的人，
對快樂印象的受容性愈弱，反之亦然。
—— 人生的智慧

一個人不僅可從自由意志的探求中認識世界的痛苦，
亦可因自己切身、過度痛苦的經驗，而獲得解脫。
—— 愛與生的苦惱

人們雖為驅散苦惱而不斷努力著，
但苦惱不過只換了一副姿態而已；
這種努力不外是為了維持原本缺乏、
困窮之生命的一種顧慮。
—— 愛與生的苦惱

這個世界就是煩惱痛苦的生物互相吞食，
以圖苟延殘喘的鬥爭場所，
是數千種動物以及猛獸間的活墳墓，
他們經由不斷地殘殺，以維持自己的生命。
—— 人生的智慧

無論是從效果巨大的方面看，
或是從寫作的困難這方面看，
悲劇都要算是文藝的最高峰。
　　——意志和表象的世界

苦樂是身體對所忍受的外來印象，
被迫在瞬間之下決定中意或不中意。
　　——意志和表象的世界

回憶那些比我們的痛苦更大的痛苦，
會有鎮靜和止痛的作用；
看到別人的痛苦景象，
會使自己的痛苦減輕。
　　——意志和表象的世界

我們看到最大的痛苦，
在本質上都是我們自己的命運也難避免的複雜關係，
和我們自己也可能幹出來的行為所帶來的。
所以，我們也無須為不公平而抱怨。
　　——意志和表象的世界

過分的歡樂和痛苦，

總是基於錯誤和幻覺的。

—— 意志和表象的世界

一切痛苦都是由於我們所要求、所期待，
和我們實際所得到的事物不成比例而產生的，
而這種不成比例的關係又顯然只在人的認識中才能有。
所以，有了更高的覺悟就可以把它消除了！

—— 意志和表象的世界

在充滿悲慘與痛苦的世界中，
我們究竟能求得什麼呢？
每人個到頭來除了自己之外，
原來都是一無所有啊！

—— 人生的智慧

和良心痛苦相反的是心安理得，
是我們在每次無私的行動之後所感到的滿足。

—— 意志和表象的世界

第三節

人生與死亡

自殺也是一種實驗，
是人類對自然要求答案的一種質問，
所質問的問題是：
「人的認識和生存，在死後將會發生什麼變化？」
—— 生存空虛說

自殺時的肉體痛苦，
在有強烈精神苦惱的人們眼中看來，
簡直是毫不足道；
所以，精神苦悶比較容易使人自殺。
—— 生存空虛說

自殺並不會提供什麼解脫。
—— 意志和表象的世界

肉體的毀滅使人恐懼，使人退縮，
這實是因為肉體是「求生意志」的顯現。
　　　　　　　　——生存空虛說

自所謂出生，
若按其本質概括而言，實亦包括死亡；
那是向兩個方面伸出的同一條件。
　　——愛與生的苦惱

對快活的人而言，
惟有高度的苦難方會導致他的自殺。
對原來憂鬱的人來說，
只要微微的苦難就會使他自殺。
　　　　　　——人生的智慧

自殺者想要生命，
他只是對那些轉到他頭上的生活條件不滿而已。
　　——意志和表象的世界

所謂出生，

若按其本質概括而言，實亦包括死亡；
那是向兩個方面伸出的同一條件。

—— 愛與生的苦惱

世上即使最健康和愉快的人，也可能自殺，
只要他對外在的困難和不可避免之惡運的恐懼——
超過了他對死亡的恐懼，
就自然會走上自殺之路。

—— 人生的智慧

死亡不是無時無刻在背後偷偷地、
不斷地用鞭子抽打著我們嗎？
與其說我們在過日子，
不如說我們是一步一步地走向死亡。

—— 愛與生的苦惱

我們怕死，絕不是因為死後有痛苦。
一方面，痛苦顯然是在死前這一邊的，
一方面，我們正是每每為了躲避痛苦而投奔死亡。

—— 意志和表象的世界

誕生和死亡同樣都屬於生命，
並且是互為條件而保持平衡。

—— 意志和表象的世界

當生存中或自己的努力遭遇到難以克服的障礙，
或為不治之症和難以消解的憂愁所煩惱時，
大自然就是現成的最後避難所，
它早已為我們敞開，
讓我們回歸自然的懷抱中。
　　——愛與生的苦惱

完全的苦惱是不存在的，
完全的死亡也是不存在的；
或者說死亡對於我們應該不是值得恐懼的事情。
也許唯有抱持這種看法，人生才有它的報償吧！
　　——愛與生的苦惱

動物只在死亡中才認識死亡，
人則意識地一小時一小時走向自己的死亡。
　　——意志和表象的世界

生命是向死亡討來的借貸，
而睡眠，不過是繳付利息。
　　——愛與生的苦惱

對快活的人而言，

惟有高度的苦難方會導致他的自殺。
對原來憂鬱的人來說，
只要微微的苦難就會使他自殺。
—— 人生的智慧

徹底否定求生意志的人，
不會被不安的生存衝動或歡天喜地的事情所驅策，
因為這些都是痛苦的先導；
他們不貪圖生之樂，
因為喜悅過後往往接續苦惱的狀態。
—— 愛與生的苦惱

儘管死是迅速而輕快的，
然而只要能多活一會兒，
我們有時候寧可承擔可怕的痛苦而逃避死亡。
—— 意志和表象的世界

對人生的嫌惡，
戰勝對死的恐怖，
而它往往發生自發性的縮短生命。
—— 生存空虛說

在臨死的剎那間，
大致應和噩夢覺醒時的那一瞬間相類似吧？
—— 愛與生的苦惱

動物的生存不知有死亡，
每個動物只意識著自己的無限，
直接享受種族的完全不滅。
至於人類，因為具備理性，
由是必然產生對死亡的恐懼。
—— 愛與生的苦惱

無可否認的，
生死的決定應是最令人緊張、關心、恐懼的一場豪賭，
因為在我們眼中看來，它關乎一切的一切。
—— 愛與生的苦惱

只要我們充滿生命意志，
就無須為我們的生存而擔心，
即令在看到死亡的時候，亦應如此。
—— 意志和表象的世界

對人生的嫌惡，

戰勝對死的恐怖，
而它往往發生自發性的縮短生命。
—— 生存空虛說

正如我們的肉慾完全是基於幻想的衝動，
而被誘進生存的圈套中一樣，
對死亡的恐懼亦純屬幻想的恐懼。
—— 愛與生的苦惱

把自己的生存解釋為偶然現象的人，
當然不免對因死亡而喪失生存，感到無比的恐懼；
反之，若能洞察大體的人，
尚可了解其中心有某種根源的必然性，
而不相信我們生存只屬於短暫的一剎那。
—— 愛與生的苦惱

當人們把死亡看作自己的毀滅而恐懼時，那就不是別的，
而是等於人們在想像太陽會在晚間哭訴道：
「糟了，我將沉淪於永久的黑夜了！」
—— 意志和表象的世界

通常，如果生的恐懼戰勝死的恐怖，
那麼他就會勇敢地結束自己的生命。
—— 生存空虛說

老年與經驗攜手並進，

引導他走向死亡。

那時他所覺悟的是——

這一生的最大錯誤是徒然花費如此長久、如此辛勞的努力。

  ——*愛與生的苦惱*

       若打開墳墓，

    試問問那些死者還想不想重返人世，

      相信他們必會搖頭拒絕。

        ——*愛與生的苦惱*

那些以為死亡是本身的破滅而過分恐懼的人，

多半只是一些觀念狹隘的人；

至於極優秀卓越的人，便可完全免除這種恐懼心。

  ——*愛與生的苦惱*

生命是向死亡討來的借貸，

而睡眠，不過是繳付利息。
—— 愛與生的苦惱

生命，不論對任何人來說，
都沒什麼特別值得珍惜的；
我們之所以畏懼死亡，
並不是由於生命的終結，
而是因為有機體的破滅。
—— 愛與生的苦惱

只要意志不去否定的話，
我們死後仍存留著另一完全不同的生存。
—— 愛與生的苦惱

生前若不曾存在的話，死後也不會存在；
反之，若某些東西非「出生」所能製造出來的話，
死亡亦無法加以破壞。
—— 愛與生的苦惱

PART2

第二部

品格論

第一節

心靈的腳步

人最高、最永恆和最豐富的快樂，乃是他的心靈；
雖然我們在青年時期不了解這一點，
但事實上確是如此。
　　——人生的智慧

人性中最壞的特點是對別人的不幸遭遇幸災樂禍，
這是一種非常接近殘忍的感情。
幸災樂禍所帶來的笑罵，
簡直是來自地獄的笑聲。
　　——人生的智慧

即使環境完全相同，
每一個人的心靈也並不合乎他周圍的環境，
名人都活在他自己的心靈世界中。
　　——人生的智慧

具有特權身分或出生在特權世家的人，
即使他是出生在帝王之家，
比起那些具有偉大心靈的人來說，
只不過是為王時方為王而已；
具有偉大心靈的人，相對來說，他永遠是王。
—— 人生的智慧

偉大的心靈，
在這個世界更喜歡獨白，
他們往往自己與自己說話。
—— 人生的智慧

我們所希求的東西在得手之前，
總以為比什麼都好，
等到手之後，又不免大失所望，
我們是為了需求而喘息掙扎，
永遠成為「希望」的俘虜。
—— 人生的智慧

即使環境完全相同，

每一個人的心靈也並不合乎他周圍的環境，
名人都活在他自己的心靈世界中。
—— 人生的智慧

缺乏內在生命的人，
其悲慘就好比在暮冬深夜的冰雪中。
—— 人生的智慧

人們常自我陶醉並且還理直氣壯，
要知道一個人真正能夠了解和欣賞的，
到頭來還是那些與他氣味相投的東西。
在一隻狗的心目中，
世上最好的東西還是一隻狗，
其他可以以此類推，
這就證明了「物以類聚」的道理了。
—— 人生的智慧

人要避免厭倦的最好方法，
莫如增長自己的心靈財富；
人的心靈財富愈多，
厭倦所占的地位就愈小。
—— 人生的智慧

一個具有深遠和高貴思想的人，
不應該允許自己的情緒思維，
完全被私人瑣事和低級煩惱所佔據，
以致無法進行深遠、高貴的思考，
因為這樣做確實是「為了生活而毀壞了生活的目的」。
——人生的智慧

事物的本身是不變的，
變的只是人的感覺。
——人生的智慧

人的內在生命性質是使我們心靈滿足的泉源；
我們整個感性、慾望和思想使我們不滿足，
直接的原因也是因為我們內在生命的性質。
——人生的智慧

真正偉大的思想者，
就像雄鷹一樣，
把自己的巢穴建築在孤獨的高處。
——人生的智慧

真正偉大的思想者，

就像雄鷹一樣，

把自己的巢穴建築在孤獨的高處。

—— 人生的智慧

心靈空虛是厭倦的根源，

這就好比興奮過後的喘息，

他們需要尋找某些事物來填補空下來的心靈。

—— 人生的智慧

越是內心裡有所欠缺的人，

他越是希望在別人眼裡被看作幸運兒。

—— 意志和表象的世界

一個徹底否定求生意志的人，

從外表看起來，

他的確是貧窮、一無所有，

但心靈則是一片清澄，充滿寧靜和喜悅。

—— 人生的智慧

人性中有個最特別的弱點就是：

在意別人如何看待自己。

—— 愛與生的苦惱

事物的本身是不變的，

變的只是人的感覺。
—— 人生的智慧

世界上一切的驕傲與快樂，
對傻瓜的遲鈍心靈來說，當然微不足道。
傻瓜的遲鈍心靈絕不能與塞萬提斯 ——
在悲慘的監牢中寫唐吉訶德時的想像相比。
—— 人生的智慧

只因孤獨時，人須委身於自己，
他內在財富的多寡便顯露出來。
愚蠢的人，在此雖然身著華衣，
也會為了他有卑下的性格呻吟，
這原是他無法拋棄的包袱。
然而，才華橫溢之士，
雖身處荒原，亦不會感到寂寞。
—— 人生的智慧

第二節
行為與品德

有崇高品德的人在自己的一生和不幸中，
他所注意的大半是整個人類的命運，
而很少注意到自己個人的命運。
——意志和表象的世界

驕傲中最廉價的一種是國家驕傲，
因為當人們以其祖國為榮時，
就表示自身沒有足以自傲的品格了，
不然他也不會把驕傲放在那與千百萬同胞共享的東西上。
——人生的智慧

雖然美德只是個人的一種優點，
與幸福不構成直接的關係，
但卻間接給與他人一種幸福的印象。
——人生的智慧

謙稱自己毫無價值，

只是那些絕望的無能力者用以自慰的歪理。

—— 生存空虛說

美德好像只是偶然被作為手段而不是目的，
如此它才夾雜在理性的生活之中。

—— 意志和表象的世界

美德可說是一封打開的介紹信，
它使每個見到這封信的人，
都會對持有此信的人滋生歡喜心。

—— 人生的智慧

如果一個人喜歡侮辱別人，
這種人實在是具有壞品質的。

—— 人生的智慧

儘管各個民族的宗教教條各不相同，
然而在一切民族，
若有善行則有難以形容的快慰，
若有惡行則有無限的痛惡與之俱來。
冷嘲熱諷不能動搖前者，
神父的赦免不能解脫後者。

—— 意志和表象的世界

人類每一種完美，
都與一種本身勢將形成的缺點聯在一起；
但如果我們說每一缺點都與某種完美聯在一起也是對的。
——人生的智慧

當謙虛成為公認的好德性時，
無疑地，世上的笨人就占了很大的便宜；
因為每個人都應該謙虛地不表現自己，世人便都類似了。
——人生的智慧

難道謙遜不是人們因為自己有優點和功績，
而在這充滿卑鄙嫉妒的世界裡，
不得不用以請求那些沒有任何優點的人加以原諒的手段？
原來誰要是因為無功可伐而不自高自大，
這不是謙遜，而只是一種老實。
——意志和表象的世界

謙稱自己毫無價值，
只是那些絕望的無能力者用以自慰的歪理。
——生存空虛說

驕傲的最大敵人──

我的意思是說它最大的阻礙──是虛榮。

虛榮是企圖藉外在的喝采來建立內在的高度自信，

而驕傲卻基於先存有此種強烈的自信才能成立的。

──人生的智慧

只有本身一無可取的笨人，

才不得不依賴他祖國的驕傲，

他高興的維護著祖國的任何缺點與短處，

藉著祖國的種種榮耀來彌補自身的不足。

──人生的智慧

通常「驕傲」總是受到指責，

可是我想，只有自己沒有足以自傲之物之人，

才會貶損「驕傲」這種品德。

──人生的智慧

驕傲是一種內在的活動，是人對自己直接的體認；

虛榮是人希望自外在間接地獲得這種體認。

──人生的智慧

通常「驕傲」總是受到指責，

可是我想，只有自己沒有足以自傲之物之人，
才會貶損「驕傲」這種品德。
—— 人生的智慧

如果人們事事順遂，不勞即獲，
傲慢和妄自尊大不使自己爆炸，也會使自己的生命膨脹。
—— 人生的智慧

一個良好、溫和優雅的人，
就是在貧乏的環境中也能怡然自得；
然而一個貪婪、充滿嫉妒和怨恨的人，
即使他是世界上最富有的人，
他的內在生命也是悲慘的。
—— 人生的智慧

一般地說，
嫉妒是一種非常合乎人性的品質。
—— 人生的智慧

謙遜的讚美者，
一遇到有某種真正價值的東西出現，
便會利用機會，想盡辦法使它窒息，
或者阻遏它，不讓我們知道。
—— 生存空虛說

愚痴的讀者嫉妒詩人有那麼多令人愉快的事物，
他們除了嫉妒外，卻不去想詩人具有不平凡的想像力，
可把極平凡的經驗變得美麗而偉大。

—— 人生的智慧

羨妒在人與人之間建立一道堅厚的牆，
同情則使這道牆變鬆變薄，
有時候甚至徹底地把它推倒，
於是，自我與非我之間的區別便消失了。

—— 人生的智慧

凡是有羨妒的地方，就有憎恨。

—— 人生的智慧

一個最善良的人，
「自己與他人」的區別最小，
也不會把他人當作非我族類；
反之，惡人對「別人與我」之區別則甚大，
且是絕對性的。

—— 愛與生的苦惱

如果人們事事順遂，不勞即獲，

傲慢和妄自尊大不使自己爆炸，也會使自己的生命膨脹。

—— 人生的智慧

每逢有傑出的事件出現，

不論是那一方面的傑出，

偽君子和一般大眾都會聯合起來排斥壓制它。

—— 人生的智慧

如果財產是別人勞動的果實，

那麼侵占別人的財產和奴役別人，

在本質上就是相同的，

兩者之間的關係等於傷害之於被害。

—— 意志和表象的世界

要顯示出這世界的真正坦誠是多麼的少！

而在一切道德的外衣下面，在最內在的深處，

是如何地常常隱藏著不義與邪惡！

正因為這個理由，才使許多好人與禽獸為伍；

因為，如果沒有狗可以讓人類盯著它們忠誠的臉孔，

一個人怎麼擺脫人類無窮的假裝、虛偽和惡毒呢？

—— 人生的智慧

人的道德基於人的尊嚴，
而人的尊嚴又基於人的道德。
——人生的智慧

有人戴上法律的面具，
只便於自己可以給另一個人一頓痛毆；
另一個人則以同樣的意向，
選擇愛國者的假面具和關心大眾福利的假面具；
第三個人則選擇宗教或教義為假面具。
——人生的智慧

我們對別人的基本傾向是羨妒還是同情，
這一點決定了人類的美德和惡德。
——人生的智慧

抵制憎恨和蔑視的方式，
往往不是尋求人的尊嚴，
而是把它當作憐憫的對象。
——人生的智慧

一般地說，

嫉妒是一種非常合乎人性的品質。
—— 人生的智慧

在我們本性中的無限自私以外，
每個人心中多少都有些憎恨、憤怒、嫉妒和惡毒積累著，
就像毒蛇牙齒上的毒液一樣；
並且，只等待發泄自己的機會，
然後像不受羈束的魔鬼一樣，咆哮狂怒。

—— 人生的智慧

第三節

名譽的力量

在生命中最能給人勇氣的便是得到他人的欣賞；
因為惟有他人欣賞他，
他們才會聯合起來幫助和保護他。
憑著這種力量，他可以抵禦生命中的許多災難，
這是他以匹夫之力所無法辦到的。
——人生的智慧

別人對你的意見，
是從你的榮譽、名聲和身分表現中判斷出來的。
——人生的智慧

在任何情況中，
名譽被視為一種無價之寶，
而名聲是一個人所能獲得的最寶貴的事物。
——人生的智慧

別人對你的意見，

是從你的榮譽、名聲和身分表現中判斷出來的。
—— 人生的智慧

謙虛對才華無奇的人來說，是一種誠實，
對才華絕頂的人來說，是一種虛偽。
—— 人生的智慧

能夠流傳後世的聲名就好像橡樹，
長得既慢，活得也就長久；
延續不長的名聲好比一年生的植物，
時期到了便會凋零；
而錯誤的名聲卻似菌類，
一夜裡長滿了四野，很快便又枯萎。
—— 人生的智慧

從人類幸福的觀點來看，
名聲僅僅是少許用以滿足驕傲與虛榮的東西，
而這少許的東西又是極珍貴和稀有的。
—— 人生的智慧

名聲就是那需要以整個夏季生長，
方能在聖誕節所享用的水果。
　　——人生的智慧

名聲和榮譽好比雙生兄弟，
像雙子星座的卡斯特和波勒士，
他們兩兄弟一個是不朽的，
另一人卻不是永恆的。
　　——人生的智慧

與其他許多事情比較，
榮譽並沒有直接的價值，
它只是間接的價值。
　　——人生的智慧

沒有反射體，
我們看不到光線，
沒有喧囂的名聲，
我們認不出真正的天才。
　　——人生的智慧

從人類幸福的觀點來看，

名聲僅僅是少許用以滿足驕傲與虛榮的東西，
而這少許的東西又是極珍貴和稀有的。
—— 人生的智慧

我們所有的焦慮、困擾、苦惱、麻煩、奮發、努力，
幾乎大部分都起因於擔心別人會怎麼看。
—— 人生的智慧

真正的名聲是死後方得的名聲，
雖然他沒有親自領受，
但他卻是個幸福的人。
因為他擁有他贏得名聲的偉大品質，
又有機會充分發展，
有閑暇做他想做的事，
獻身於他喜愛的研究中。
—— 人生的智慧

各種形式的驕傲，
不論表面上多麼不同，
骨子裡都有這種擔心別人會怎麼說的焦慮。
然而這種憂慮所費的代價又是多麼大啊！
—— 人生的智慧

我們的虛榮弄假以及裝模作樣，
都是源於擔心別人會怎麼說的焦慮上；
如果沒有了這種焦慮，
也就不會有這麼多的奢侈了。
——人生的智慧

一個人當死的陰影就在眼前時，
還在擔心他留給一群旁觀者的印象，
以及他們會怎麼想他……
——人生的智慧

令人幸福的不是名聲，
而是能為他帶來名聲的東西；
更正確地說，是他的氣質及能力，
造就了他在學術和德性上的名聲，這才是他真正幸福。
——人生的智慧

生活中值得嫉妒的人寥若晨星，
但命運悲慘的人，比比皆是。
——人生的智慧

各種形式的驕傲，

不論表面上多麼不同，
骨子裡都有這種擔心別人會怎麼說的焦慮。
然而這種憂慮所費的代價又是多麼大啊！
—— 人生的智慧

唯有對自己卓越的才能和獨特的價值有堅定、
不可動搖之確信的人才被稱為「驕傲」，
當然這種信念也許是錯誤的，
或者是建立在一種偶然的、傳統的特性上。
—— 人生的智慧

老者經常獲得他人內心由衷的敬仰，
而皺紋——歲月的象徵——卻不會博得尊崇。
人們常說：可敬的白髮，
但從未說：可敬的皺紋。
—— 人生的智慧

榮譽不是人們對於某人獨具的品格之讚揚，
而是對於某人應該表現且不應犯錯的一些品格之期許。
—— 人生的智慧

名聲是我們必須去爭取的，
榮譽卻是我們不應喪失的。
—— 人生的智慧

對於我們的所作所為，
別人也許有最惡劣的批評以及種種輕視，
這時且無任何人敢表達不同的意見，
然而，我們本身的榮譽仍是崇高的。
　　——人生的智慧

女人失掉榮譽所遭受的污辱是很深的，
那是指針對男人和女人的關係而言，
但相對於男人一生的其它重要事項來說並不是最重要的，
因此，女人對某個男人的冒犯所形成的羞辱，
就不如女人失掉榮譽所形成的羞辱那麼大了。
　　——人生的智慧

任何想假裝高傲的人，
不一定就能驕傲，
他多半會像其他人一樣，
很快地丟棄這種假裝的個性。
　　——人生的智慧

一個人當死的陰影就在眼前時，

還在擔心他留給一群旁觀者的印象，
以及他們會怎麼想他……
——人生的智慧

名譽是表現在外的良心；
良心是隱藏在內的名譽。
——人生的智慧

榮譽是可以與他人分享的東西，
名聲卻不能輕易獲得——想獲得的人既多，
又需防備他人的侵害。
——人生的智慧

榮譽可分成主觀及客觀的兩面：
就從客觀的一面來說，
榮譽是他人對我們的評價和觀感；
就主觀的一面而言，
榮譽感是我們對這種評價及觀感的重視。
——人生的智慧

所有具有榮譽感的人，
對於品質惡劣的人是不屑一顧的。
——人生的智慧

如果你的榮譽遭受攻擊，
或者外表看起來已沒有榮譽可言的話，
只要迅速的採取徹底糾正的方法，
很快就可恢復榮譽——那就是決鬥。
——人生的智慧

我們的榮譽最多使他人認識我們，
而名聲則有更長遠的成就，
它使我們永遠為人懷念。
——人生的智慧

名聲其實僅是人與他人相形比較的結果，
而且主要是品格方面的對比，
所以評價也就因時、因人而異；
當別人變得與他同樣有名時，
他原有的名望，無形中便給「比下去」了。
——人生的智慧

抵制憎恨和蔑視的方式，

當然不是尋求人的尊嚴，
相反地，應該是把對方當作憐憫的對象。
——人生的智慧

日常經驗告訴我們，
太重視名譽正是一般人最常犯的錯誤；
人們非常計較別人的想法，
卻不太注意自己的感覺，
雖然後者較前者更為直接。
——人生的智慧

只要有別人讚賞他，即使惡運當頭，
幸福的希望渺茫，他仍可以安之若素；
反過來，當一個人的感情和自尊心受到傷害時，
當他被冷淡、輕視和忽略時，
每個人都難免要感覺苦惱，甚至極為痛苦。
——人生的智慧

一般說來，
一個人的官階包含著他應該有的某種程度的榮譽。
——人生的智慧

如果你打一隻貓，
它會豎起了毛；
要是你讚美一個人，
他臉上便會浮起一絲愉快甜蜜的表情，
而且只要你所讚美的正是他引以自傲的，
即使這種讚美是明顯的謊言，
他仍會歡迎之至。
——人生的智慧

一個有榮譽感的人，
當有任何人說出與自己違逆的話，
或顯示出有更多的才華時，
我們便會馬上武裝自己。
——人生的智慧

退休的生活有助於心靈的平和，
就是由於我們離開了長久受人注視的生活，
不需再時時刻刻顧慮到他們的評語；
換句話說，我們能夠「回歸到本性」的生活了。
——人生的智慧

抵制憎恨和蔑視的方式，
當然不是尋求人的尊嚴，
相反地，應該是把對方當作憐憫的對象。
　——人生的智慧

　　　　　由於人性奇特的弱點，
　　我們經常過分重視他人對自己的看法；
　　　　其實，只要稍加反省就可知道，
　別人的看法並不能影響我們可以獲得的幸福。
　　　　　　——人生的智慧

誹謗是唯一能夠無中生有去攻擊榮譽的武器。
反擊此種攻擊的唯一方法，
便是用適當的輿論批駁此種誹謗，
並且恰到好處地去揭開誹謗者的假面具。
　——人生的智慧

過分重視他人的意見是人人都會犯的錯誤；

這個錯誤根源於人性深處，

也是文明與社會環境的結果。

但是不管它的來源到底是什麼，

這種錯誤在我們所有行徑上所產生的巨大影響，

以及它有害於真正幸福的事實，則是不容否認的。

——人生的智慧

官位純粹是一種約定俗成的價值。

嚴格地說，它只是一件虛偽的外套，

目的在於索取人為的尊敬。

——人生的智慧

尊重德高望重的老年人之理由，

乃在於老人必然已在其生命的過程中，

顯示出來他有否長期維護無疵美譽的能力，

而不像青年人一樣，

縱使有美好的品格，

卻還未受到歲月的考驗。

——人生的智慧

官位只有讓服務政府的人去追求，
而名聲卻是由少數人所追求的。
　　　　　　　——人生的智慧

等級——可說是誘導民意的匯票；
這種匯票價值的高低，
應視持票人的聲望及爵位而定。
　　——人生的智慧

決定一個人是否有用，不是他自己而是別人的意見；
　　　　於是，他盡力討好他所看重的世俗，
　　　　　　　以期給他們留下好印象。
　　　　　　　　　　　——人生的智慧

第四節

生命的流轉

重聽的人也能和傻乎乎的人一樣提供笑料，
低能的喜劇作家就是用聾子代替傻子使人發笑。
—— 意志和表象的世界

少年人僅僅只適合作抒情詩，
並且要到成年人才適於寫戲劇。
至於老年人，多只能想像他們是史詩作家，
因為講故事適合老年人的性格。
—— 意志和表象的世界

謙虛是美德。
這一句話是蠢人的一項聰明的發明。
因為根據這一說法每個人都要把自己說成像一個傻瓜似的，
這就巧妙地把所有人都拉到同一個水平線上了。
—— 人生的智慧

謙虛是美德。

這一句話是蠢人的一項聰明的發明。

因為根據這一說法每個人都要把自己說成像一個傻瓜似的，

這就巧妙地把所有人都拉到同一個水平線上了。

—— 人生的智慧

貪欲是老年人的惡德，

正如奢侈浪費是青年人的惡德一樣。

—— 人生的智慧

指導我們選擇和愛好的最高原則是「年齡」。

—— 生存空虛說

我們可以把社會人群比喻為一堆火，

明智的人在取暖時懂得與火保持一段距離，

而不會像傻瓜那樣太過靠近火堆；

後者在灼傷自己以後，

就一頭扎進寒冷的孤獨之中，

大聲地抱怨那灼人的火苗。

—— 要麼庸俗，要麼孤獨

沒有適度的日常運動，

便不可能永遠健康。

生命的過程便是依賴體內各種器官不停地操作，

操作的結果不僅影響到身體各部門，也影響了全身。

—— 人生的智慧

貪欲是老年人的惡德，

正如奢侈浪費是青年人的惡德一樣。

—— 人生的智慧

越是內心裡有欠缺，

他越是希望在別人眼裡被看作幸運兒。

—— 意志和表象的世界

在觀相術中，

知識能力遠較道德能力易於了解；

這大概是前者溢於外表比較多的緣故。

—— 生存空虛說

當兩人見面時，

我們首先便問候對方的健康情形，

相互祝福身體康泰。

原來健康是成就人類幸福最重要的成分。

—— 人生的智慧

只有最愚昧的人才會為了其他的幸福犧牲健康，

不管其他的幸福是功、名、利、祿、學識，

還是過眼煙雲似的感官享受，

世間沒有任何事物比健康還來得幸福。

—— 人生的智慧

「光」是美的王冠上一顆最大的鑽石，
對於每一個美的對象的認識最有決定性的影響。
—— 意志和表象的世界

能夠促進愉快心情的不是財富，卻是健康。
我們不是常在下層階級 —— 勞動階級，
特別是工作在野外的人們臉上找到愉快滿足的表情嗎？
而那些富有的上層階級不常是憂容滿面，滿懷苦惱嗎？
—— 人生的智慧

一種平靜歡愉的氣質、快快樂樂地享受、
非常健全的性格、理知清明、生命活潑、
洞澈事理、意欲溫和、心地善良，
這些都不是身分與財富所能作成或代替的。
—— 人生的智慧

一個人，
要麼孤獨，
要麼庸俗。
—— 生存空虛說

嘴巴僅能說出某一個人的思想，
而容貌卻能表現出人類的自然思想。
—— 生存空虛說

有了健康，每件事都是令人快樂的；
一旦失掉健康，就難免失掉了快樂；
即使其他的人具有如何偉大的心靈、快活樂觀的氣質，
也會因健康的喪失而黯然失色，甚至變質。
—— 人生的智慧

優雅以所有一切肢體的勻稱、
端正諧和的體形為先決條件；
因為只有借助於這些，在一切姿勢和動作中，
才可能有完全輕鬆的意味和顯而易見的目的性。
—— 意志和表象的世界

一般人相信，
人的外觀足以描繪其內心，
人之容貌是個性的表現。
—— 生存空虛說

一般人相信，

人的外觀足以描繪其內心，
人之容貌是個性的表現。
—— 生存空虛說

「容貌」是我們欲說而未說出的一切話語的摘要，
是我們的思考和企圖的「組合文字」。
—— 生存空虛說

遺忘比絕望更強有力。

—— 人生的智慧

要能純正而深刻地了解某人的真正面貌，
最好在他獨居的狀態下來作觀察。
—— 生存空虛說

沒有一個對象能夠像美人的容貌和身段那樣，
迅速地把我們移入審美的直觀，
在一看到這種容貌和身段時，
我們立刻就為一種說不出的快感所控制，
使我們超然於我們自己，
超然於一切使我們痛苦的事物之上。
—— 意志和表象的世界

所謂輝煌的人生，

不過是慾望的囚徒。
—— 人生的智慧

諸位，
若想向別人吹噓某個平凡人，
三十年後必是個偉大的思想家，
千萬不要選擇那些腦滿腸肥、
臃腫痴呆、滿臉俗氣的對象。
—— 生存空虛說

一張聰明睿智的臉孔，
是經過長年的歲月累積而來的。
所以，在老年的容顏上始能顯露出那種高貴的表情來；
在他年輕時代的肖像裡，
就僅能尋出那種表情的蛛絲馬跡而已。
—— 生存空虛說

在人們離群獨居靜坐之時，
當他們浮沉於自己的思想和感情的狀態下，
才恢復其本來面目，才現出其真正的自我。
唯有在這時候，具有深刻洞察力的人，
才能立刻捕捉住此人的真實面貌。
—— 生存空虛說

一個人，

要麼孤獨，
要麼庸俗。
—— 生存空虛說

相人的能力，一半出諸於天賦，一半也得靠經驗。
把任何人都能徹頭徹尾的看透，是不可能的事；
即使最高明的相學家，也難免判斷錯誤。
—— 生存空虛說

所謂輝煌的人生，
不過是慾望的囚徒。
—— 人生的智慧

第五節

時間的音符

只有人類才有「現在」、「過去」、「未來」的意識，
然而，也僅止於概念而已，
在根本上，他們還不了解它的真義為何。
　　——愛與生的苦惱

　　　　　「現在」儘管是是如何的稀鬆平常，
　　　　　也總優於過去的最高價值，
　　　　　因為前者是現實的，
　　　　　兩者之間的關係，
　　　　　如同「有」之對於「無」。
　　　　　　——生存空虛說

永恆性是不以任何直觀為基礎的概念，
它意味著超越時間的生存。
　　——人生的智慧

精神的寓所是我們，

不是陰曹地府，不是天上星辰；

後兩者都是活在我們精神之中所製作的。

　　——意志和表象的世界

我可以把時間比作一個不停地轉動的圓圈；

不斷下沉的半邊好比是過去，

不斷上升的半邊好比是將來；

而正上面那不可分割的一點，

亦即水平切線和圓周接觸之處，

就好比是無限可能的現在。

　　——意志和表象的世界

在當面交談中最容易偽裝；

聽起來雖是如此矛盾，

可是在書信中偽裝究竟又較困難些。

　　——意志和表象的世界

求生的意志表現在無限可能的「現在」中，
因為「無限可能的現在」乃是種族生命的形式。
　　——人生的智慧

平常人僅思如何去「消磨」時光，
有才華的人卻懂得「利用」時光。
　　　　——人生的智慧

善人生活在一個現象互相親善的世界裡，
每一現象的安樂都是他自己的快樂。
　　——意志和表象的世界

人們的生活像一些低級商品一樣，
外表上都敷有一層虛假的光彩。
凡是痛苦，總是掩飾起來的；
相反，一切冠冕堂皇有光彩的東西就會拿出來炫耀。
　　　　——意志和表象的世界

精神的寓所是我們，

不是陰曹地府，不是天上星辰；
後兩者都是活在我們精神之中所製作的。
—— 意志和表象的世界

每一個人都是由於他的意志而成為他，
他的性格也是最原始的，
因為慾求是他本質的基地。
—— 意志和表象的世界

我們苦樂的原因大半都不是實際的「現在」，
而是抽象的思慮。
這思慮才是常使我們難以忍受的東西，
才是給我們製造煩惱的東西。
—— 意志和表象的世界

吝嗇鬼出於純粹的自私，
希望將來獲得百倍的酬報才會布施。
—— 意志和表象的世界

一個為情慾或是為貧困和憂慮所折磨的人，
只要放開胸懷一覽大自然，
也會如此突然地重新獲得力量，
又會鼓舞起來而挺直了脊梁。
—— 意志和表象的世界

無價值的事物總是不斷地增加，
由於太過頻繁的重複著，
許多起初在我們看來重要的事物就逐漸變得毫無價值。
——人生的智慧

不能認識和欣賞世上所有存在的美善之因，
除了智能不足外，
便是人性的另一面在從中作梗；
這便是所謂卑劣的人性。
——人生的智慧

動機並不決定人的性格，
而只決定性格的顯現，
也就是決定行動；
只決定生命過程的外在形象，
而不決定其內在的意義和涵蘊。
——意志和表象的世界

一切誘惑都是惡魔的化身。
——愛與生的苦惱

吝嗇鬼出於純粹的自私，

希望將來獲得百倍的酬報才會布施。
—— 意志和表象的世界

將來的貧乏和不幸是浪費者換取空虛、短暫，

以及僅僅為那想像之中逸樂的代價。

—— 人生的智慧

一個性格不好的人把所有的快樂都看成不快樂，

好比美酒在充滿膽汁的口中也會變苦一樣。

—— 人生的智慧

食物是好的，

但只有飢餓時才是好的。

—— 人生的智慧

我認為樂觀主義者的空談不但不切合實際，

而且還是十分卑劣的見解，

他們的樂觀無異於對人類難以名狀的苦惱做譏刺的嘲弄。

—— 愛與生的苦惱

一般來說，經驗愈多，

反而對非存在的失樂園懷有更多的憧憬。

—— 愛與生的苦惱

看別人的榜樣而予以妥善的應用，
然後，我們才會也有類似的優點。

—— 生存空虛說

酒是一個人的智力測驗，
一個酒量大的人絕不會是個傻瓜。

—— 生存空虛說

奇怪得很，
人們在倒楣的時候，
總會清晰地回憶已經逝去快樂時光，
但是在得意的時候，
對惡運時光卻只保有一種淡漠而不完全的記憶。

—— 意志和表象的世界

在這樣一個充滿缺陷的世界裡，
如若你能遇到真摯的朋友就好好珍惜吧。
有時候，我們連對自己真誠都做不到。
所以，無需苛責別人，人性本就複雜奇怪。

—— 人生的智慧

一般來說，經驗愈多，
反而對非存在的失樂園懷有更多的憧憬。
——愛與生的苦惱

人類所能犯的最大的錯誤，
就是拿健康來換取其他身外之物。
——人生的智慧

對一個樂觀的人來說，
某種情景只不過是一種令人可笑的衝突，
憂鬱的人卻把它當作悲劇，
但在恬淡的人看來又毫無意義。
——人生的智慧

我們對於願望的感覺，
就如飢之求食、渴之求飲一般迫切；
但願望獲得滿足之後，
則又像吞下一片食物的一瞬間一樣，
彷彿知識已停止。
——愛與生的苦惱

一切事物都不斷地在改變，
我們對於事物何為有利，
何為不利的判斷往往是虛假的。
因此，幾乎每個人都曾經一度為某件事情悲傷不已，
但最後那卻被證明是一件天大的好事。
又或者，我們曾經為之興高采烈的事情，
卻變成了我們極度痛苦的根源。
——愛與生的苦惱

人的合群性大概和他知識的貧乏，
以及俗氣成正比；
因為在這個世界上，
人只有獨居和附俗兩種選擇。
——愛與生的苦惱

我們不應為某件事情過分高興或者悲傷，
幸福不過是慾望的暫時停止。
我們就像田野上的羔羊，
在屠夫的注視下恣意歡愉。
——愛與生的苦惱

人類所能犯的最大的錯誤，

就是拿健康來換取其他身外之物。

——人生的智慧

唯有對自己卓越的才能和獨特的價值，
有不可動搖之確信的人，才能被稱為驕傲。

——人生的智慧

野蠻人互相吞吃對方，
文明人則互相欺騙對方，
這就是所謂的世道方式。

——愛與生的苦惱

衡量一個人是否幸福，
不應該看他擁有多少高興的事，
而應該看他是否正為一些小事煩惱著。
只有幸福的人，才會把無關痛癢的小事掛在心上。
那些經歷著大災難的人，是無暇顧及這些小事的。
也因此在失去幸福以後，人們才會發現它們曾經存在。

——人生的智慧

PART3

第三部

哲理論

第一節

科學、真理與哲學

科學有所不同於通俗的常識，
只是科學的形式是有條理的系統，
是由於以概念的分層部署為手段，
而概括一切特殊為一般所得來的知識之簡易化，
於是而獲致的知識之完整性。
——意志和表象的世界

個別現象的研究屬於幹才的範圍，
並且，往往只以事物相互間的關係為其學術研究的對象，
實用科學即屬此。
——生存空虛說

一切知識，也即是上升為「抽象意識」的認識，
和科學的關係等於片段和整體之間的關係。
——意志和表象的世界

非科學的知識就如一個醫生，
他雖知道什麼病要用什麼藥；
卻不認識兩者間的關係一樣。
——意志和表象的世界

真理幾乎經常是從後門溜進來的，
因為它是由於偶然，從某個附帶情況中產生的。
——意志和表象的世界

沒有一種科學是徹頭徹尾都可以證明的，
好比一座建築物不可能懸空吊起一樣。
科學的一切證明必須還原到一個直觀，
也就是不能再證明的事物。
——意志和表象的世界

所有的真理都要經過三個階段：
首先，受到嘲笑；
再來，遭到激烈的反對；
最後，被理所當然地被接受。
——意志和表象的世界

所有的真理都要經過三個階段：

首先，受到嘲笑；

再來，遭到激烈的反對；

最後，被理所當然地被接受。

—— 意志和表象的世界

哲學實在是最有勢力的學問，

然而，它的發揮作用是很緩慢的。

—— 生存空虛說

我與生俱來的天職就是徹底去探求真理，

發現真相，找出事實的必然性結論。

—— 愛與生的苦惱

在爭論中，獨斷論和懷疑論相互對峙；

前者一會兒以實在論，一會兒又以唯心論出現。

—— 愛與生的苦惱

赤裸裸的現實中，

真理畢竟是很薄弱的，

可說只有一絲絲而已；

並且，大都是在不適當的時機表現。

—— 生存空虛說

人之所以成為一個哲學家，

總是由於他自求解脫一種疑難。

—— 意志和表象的世界

人們最終所真正能夠理解和欣賞的事物，
只不過是一些在本質上和他自身相同的事物罷了。

—— 愛與生的苦惱

哲學有一個特點，
它不假定任何東西為已知，
而在於認一切為同樣的陌生都是問題，
不僅現象間的關係是問題，
現象的本身也是問題，根據律本身也是問題。

—— 意志和表象的世界

哲學將是世界在抽象概念中的一個完整的複製，
好比明鏡中的反映出作用似的。

—— 意志和表象的世界

哲學必須是關於整個世界之本質的一個抽象陳述，
既關於世界的全部，又關於其一切部分。

—— 意志和表象的世界

區別哲學家的真偽就在於此：
真正的哲學家，
他的疑難是從觀察世界產生的；
冒牌哲學家則相反，
他的疑難是從一本書中，
從一個現成體系中產生的。
——意志和表象的世界

人之所以成為一個哲學家，
總是由於他自求解脫一種疑難。
——意志和表象的世界

理性不過是把別的方面接受來的東西又提到認識之前，
所以它並不是真正擴大了我們的認識，
只是賦與這種認識另外一個形式罷了。
——意志和表象的世界

唯物論基本的荒唐之處就在於從客體事物出發，
在於以一種客體事物作為說明的最後根據。
——愛與生的苦惱

理性的推理只能防止謬誤；

而謬誤就是沒有充分根據的判斷。

—— 意志和表象的世界

作為一個哲學家，

不必徒然追求在時間中流逝的諸現象，

而應努力於探究諸種行為的道德意義；

從這裡才能獲得衡量重大事項的唯一尺度。

—— 愛與生的苦惱

具有常樂的特殊個性之人士，

他擁有高度的理智，

別人所追求的那些快樂，對他來說是多餘的，

甚至是一種負擔和困擾。

—— 意志和表象的世界

屬於理性的抽象概念只能為接收、固定、

聯繫那直接所理解的東西服務，

絕不直接產生「理解」自身。

—— 意志和表象的世界

一個具有理智的人在完全孤獨的時候，

也會沉浸於自己的思想與遐思中，其樂也無窮。

—— 人生的智慧

理性的推理只能防止謬誤；
而謬誤就是沒有充分根據的判斷。
—— 意志和表象的世界

缺乏悟性叫作痴呆；
而在實踐上缺乏理性的運用，
往後我們就把它叫作愚蠢，
缺乏判斷力叫作頭腦簡單。
—— 意志和表象的世界

就認識人的本質來說，
我甚至不得不承認傳記，尤其是自傳，
比正規的歷史更有價值，
至少是以習慣的方式寫成的歷史比不上的。
—— 意志和表象的世界

嚴格說來，
歷史雖是一種知識，卻不是一門科學。
—— 意志和表象的世界

概念在地球上只為人類所專有。
這種使人異於動物的能力，
也就是達到概念的能力，
自古以來就被稱為理性。
—— 意志和表象的世界

理念好比一個有生命、發展中、擁有繁殖力的有機體，
這有機體所產生出來的都是原先沒有裝進裡面去的東西。
—— 意志和表象的世界

在一些可能的抉擇中，
一般是理性上有遠見的考慮，
會要為某一決心多說些幫襯的話，
而直接的私欲好惡又要為另一決心多說些好話。
—— 意志和表象的世界

現代的新歷史家只是提供垃圾筒和雜物儲藏室，
最多也不過是記載一個重要的政治活動。
—— 意志和表象的世界

缺乏悟性叫作痴呆；

而在實踐上缺乏理性的運用，
往後我們就把它叫作愚蠢，
缺乏判斷力叫作頭腦簡單。

—— 意志和表象的世界

粗魯是比任何論證都好的一種論證，
它可完全使理智無光。

—— 人生的智慧

所有的傳記都是一部接一部的「苦惱史」
是大小災難的連續記錄。
一般人所以會盡可能隱藏它，
是因為他們了解，
別人絕少會對它有感情、同情和憐憫，
反而因為自己得以免除那些痛苦而暗自慶幸。

—— 愛與生的苦惱

意志與謬誤

左右人類一切行為，
通常都是人的意志。
—— 愛與生的苦惱

意志是永恆不滅的，
所有宗教和哲學都只賜予善良的意志以酬報，
即在「永恆的世界中」。
而對其他，如卓越的智慧等，
卻從未有過類似的承諾。
—— 愛與生的苦惱

在睡眠中，頭腦獲得補償，
而意志卻不需要任何食物；
因此，用腦的人所需的睡眠最多。
—— 意志和表象的世界

意志作為它自身是自由的。
——意志和表象的世界

意志它本身是沒有目的、沒有止境，
它是一個無窮的追求。
——意志和表象的世界

意志唯一的自我認識，
就是整個直觀世界。
——意志和表象的世界

每個人只要閉目省思，
就會知道自己原是永無休止地受著意志的支配與奴役。
——人生的智慧

智力不能決定意志本身，
因為意志本身完全不是智力所能達到的，
甚至不是智力所能探討的。
——人生的智慧

智慧雖是意志的產物，
但它與意志卻站在對立及旁觀者的地位；
不過，它所認識的只是某段時間中所經驗的、片斷的、
屬於連續性刺激和行動中的意志而已。
　　── 愛與生的苦惱

　　　　　　　　意志這東西，在世界的大舞台中，
可把它比之為一大串穿在木偶上而使木偶活動的鐵線。
　　　　凡人就像木偶，他們的一生之所以枯燥無味，
　　　　之所以嚴肅又認真，就是為了這點。
　　　　　　　　　　　　　　── 生存空虛說

智力會疲乏，而意志則否；
智力需要睡眠，而意志即使在睡眠中仍繼續工作。
　　── 意志和表象的世界

　　　　　　事物的存在或發生，僅存於我們的意識中，
　　　　　　　　　　　且只是為意識而存在，
　　　　　　人的意識素質是人最重要的事物。
　　　　　　　　　　　　　　── 人生的智慧

左右人類一切行為，

通常都是人的意志。

—— 愛與生的苦惱

大多數人都是被困乏鞭策著過了一輩子，
不讓他們有深思的機會；不但不能深思，
意志往往熾熱到遠遠超過肯定人身的程度，
這是在劇烈的情慾和強烈的激情上看得出的。

—— 意志和表象的世界

人類一切形上、不滅、永恆的東西，
皆存在於意志之中。

—— 愛與生的苦惱

我們所稱的苦惱，
就是意志和一時性的目標之間有了障礙，
使意志無法稱心如意；
反之，所謂滿足、健康或幸福，
即為意志達到它的目標了。

—— 愛與生的苦惱

只有我們的所作所為，
才會把反映我們意志的鏡子高舉在我們面前。

—— 意志和表象的世界

在抽象的表象中，

謬誤可以支配幾個世紀，

可以把它堅定如鐵的枷鎖套上整個民族，

可以窒息人類最高貴的衝動；

而借助於它的奴隸們、被它蒙蔽的人們，

甚至還可以給那些蒙蔽不了的人們帶上鐐銬。

　　——意志和表象的世界

所謂狡獪的頭腦，

就是意志時時刻刻都清醒著，

他們意欲的活動力非常旺盛；

但這樣的頭腦不能把握事物純客觀的本質。

　　——生存空虛說

我們生命的力量所唯一能成就的事物，

只不過是盡力發揮我們可能具有的個人品質，

且只有依我們的意志之作用來跟隨這些追求，

去尋找出一種完滿性，

承認可以使我們完滿的事物，

和避免那些使我們不能完滿的事物。

　　——人生的智慧

智力會疲乏，而意志則否；

智力需要睡眠，而意志即使在睡眠中仍繼續工作。
—— 意志和表象的世界

一個人能直接領悟的，
就是我們自己的觀念、感受和意欲，
外在世界的影響也不過促使我們——
領悟自己的觀念、感受和意欲。
—— 人生的智慧

平常一般人所熱切關心的事情，
是那些會刺激他們的意志，
也就是與個人利害相關的事情。
然而，經常的刺激意志起碼不是一件純粹的樂事，
其中仍混雜著痛苦。
—— 人生的智慧

謬誤作為理性的蒙蔽，與真理相對，
假象作為悟性的蒙蔽，與實在相對。
—— 意志和表象的世界

謬誤和假象完全是類似的，
兩者都是從結論到根據的推論。
—— 意志和表象的世界

意志，是唯一不會耗竭的力量，

也是人人永遠具備的力量，

為了保持高度活力的意志，

他們便會從事各種高賭注的危險遊戲，

無疑地，這是一種墮落。

——人生的智慧

世上才智有限的人易生厭倦，

因為他們的才智不是獨立的，

僅用來做施行意志力的工具，

以滿足自己的動機。

他們若沒有特殊動機，

則意志便無所求，才智也就休息了，

因為才智與意志都須要外物來發動。

——人生的智慧

不論某個人是如何惡劣與愚昧，

一旦他以粗魯的方式來作買賣，

他的一切錯誤也就理所當然地合法化了。

——人生的智慧

第三節

思考

思考時，必須對思考的對象產生「興趣」，
不斷地刺激它，並且要持之以恆，不可懈怠。
—— 生存空虛說

一般的「書籍哲學家」，
就如同歷史的研究者；
會自己思考的人，
則猶如事實的目擊者。
—— 生存空虛說

某種事情的思索，
如一切的外在機緣和內在氣氛都很調和，
它自然地就會湧現出來。
唯其如此，思想絕不是他們本來就有的東西。
—— 生存空虛說

對於愛思考的人來說，

這個世界實不乏有價值的思想；

但這些思想當中，

是否能夠產生反跳或反射作用的力量？

也就是說，

這種思想著述成書之後能夠引起讀者共鳴的，

卻並不多見。

—— 生存空虛說

如果世界充滿著真正思考的人，

我想，大概就不會容許有那麼多形形色色的噪音吧！

—— 生存空虛說

經驗和讀書一樣，

不能替代思考。

純粹的經驗和思考間的關係，

如同食物之對於消化。

如果「經驗」自誇地說，

由於它的發現，才能促進人智的發展，

這就像嘴巴自誇身體的持續完全是靠它的工作一樣可笑。

—— 生存空虛說

一般的「書籍哲學家」，

就如同歷史的研究者；
會自己思考的人，
則猶如事實的目擊者。
—— 生存空虛說

經閱讀後所了解的思想，
好像考古學家從化石來推斷上古植物一樣，
是各憑所據的；
從自己心中所湧出的思想，
則猶似面對著盛開的花朵來研究植物一樣，
科學而客觀。
—— 生存空虛說

一切偽裝的假情假意都是思考的產物，
但是不能繼續持久而不露破綻。
—— 意志和表象的世界

唯有能自由而正當地思考的人，
才可能發現精神上的康莊大道。
—— 生存空虛說

讀書而不加以思考，絕不會有心得，
即使稍有印象，也淺薄而不生根，
大抵在不久之後，又會淡忘喪失。
—— 生存空虛說

思想浮現在眼前，
如同你的戀人就在眼前一樣；
你絕不會對戀人冷淡，
我們也絕不會漠視此思想。
——生存空虛說

即使最美好的思想，
如果不及時把它寫下，
恐怕將就此一去不回頭，
想找也找不到了。
——生存空虛說

真正思索的人，
在精神王國中，
等於一國的君主，
具有至高無上的權威，
他的判斷如同君主的聖諭，
他的話就是權威——
君主是不接受他人的命令，
也不認識其他的權威的。
——生存空虛說

思想浮現在眼前，

如同你的戀人就在眼前一樣；
你絕不會對戀人冷淡，
我們也絕不會漠視此思想。
—— 生存空虛說

在思想的世界中，
只有精神，沒有肉體，
也沒有重力的法則，
更不會為窮困所苦。
所以，有優美豐饒心靈的人，
在靈思來臨的一剎那間所得到的啟示，
其樂趣絕非世俗所能比擬。
—— 生存空虛說

嚴格來說，本身有思想的人，
才有自己的真理和生命。
從書中閱讀別人的思想，
只是撿拾他人的牙慧罷了。
—— 生存空虛說

第四節

讀書與認知

高級的精神文化往往會使我們漸漸達到另一種境地，
從此可不必再依賴他人以尋求樂趣，
書中自有無窮之樂。
　　——生存空虛說

沒有別的事情能比讀古人的名著，
更能給我們精神上的快樂。
　　——生存空虛說

讀書愈多，
或整天沉浸於讀書的人，
雖然可藉以休養精神，
但他的思維能力必將漸次喪失；
此猶如時常騎馬的人步行能力必定較差，道理相同。
　　——生存空虛說

讀書不過是代替自己思考的代用物而已。

　　　　　　　　　── 生存空虛說

只有知道書的結尾，
才會明白書的開頭。
　　── 生存空虛說

所謂「學者」，
是指那些整天研究書本的人；
而思想家、發明家、天才以及其他人類的「恩人」，
則是直接去讀「宇宙萬物」。

　　　　　　　　　── 生存空虛說

我們不必讀太多的書；
如若不然，
精神習慣於代用物，
將會忘卻事物本身，
總是踏著人家既經開拓的道路，
而忘卻行走自己的思考道路。
　　── 生存空虛說

任你再好的頭腦，

並不是所有的時間都是適於思考的。

因此，我們最好能利用思索以外的時間來讀書。

—— 生存空虛說

讀書是意味著：

利用別人的頭腦取代自己的頭腦。

—— 生存空虛說

我們讀書之前應謹記「絕不濫讀」的原則。

不濫讀有法可循，

就是不論何時，

凡為大多數讀者所歡迎的書，

切勿貿然就拿來讀。

—— 生存空虛說

我們讀書時，

是該書的作者在代替我們思想，

我們只不過重複他的思想活動的過程而已。

—— 生存空虛說

任你再好的頭腦，

並不是所有的時間都是適於思考的。

因此，我們最好能利用思索以外的時間來讀書。

——生存空虛說

凡是覺得自己有堅定的意志及正確的判斷力，

可是卻缺乏高度心智能力的人，

就不要畏懼苦讀，因為憑它的幫助，

你可提升自己於一般大眾之見識之上。

而獲得只有博學者方可接近的隱藏之所在。

——人生的智慧

讀書越多，

留存在腦中的東西越少，

兩者適成反比。

讀書越多，

他的腦海就像一塊密密點點、重重疊疊、

塗抹再塗抹的黑板一樣。

——生存空虛說

被記錄在紙上的思想，

不過是像在沙上行走者的足跡而已，

我們也許能看得到他所走過的路徑；

如果我們想要知道他在路上究竟看見些什麼，

則必須用我們自己的眼睛。

——生存空虛說

食物雖能滋養身體，
但若吃得過多，反而會傷胃乃至全身；
我們的「精神食糧」如太多，
也是無益而有害的。
　　—— 生存空虛說

一條彈簧如久受外物的壓迫，
會失去彈性；
我們的精神也一樣，
如常受別人思想的壓力，
也會失去其自身的彈性。
　　—— 生存空虛說

絕對的自由是不必依賴任何必然的原理。
　　—— 愛與生的苦惱

必然性是大自然的王國，
自由是上天賦予的王國。
　　—— 意志和表象的世界

讀書是意味著：

利用別人的頭腦取代自己的頭腦。

—— 生存空虛說

沒有認知，世界就根本不能想像，

世界以表象論來說，

它需要「認知」的主體作為它實際存在的支柱。

—— 意志和表象的世界

意志在有認知把它照亮的時候，

總能知道它現在慾求什麼！

—— 意志和表象的世界

懊悔的產生絕不是由於意志已有所改變；

那是不可能的——而是由於認知已經有了變化。

—— 意志和表象的世界

PART4

第四部

人與人類

第一節
個性與自我

愚人終其一生還是愚人，
即使在樂園中被美女包圍，
他也難以脫離愚人的個性。
　　——人生的智慧

　　　　我們對完全來自外界的厄運還可以容忍，
　　　　但自己的個性所導致的苦難卻無法承受；
　　　　　只因運道可能改變，個性卻難以改變。
　　　　　　　　　　　　——人生的智慧

那些為了自我而執著的人且不談，
為了對世界憐憫的人，
則是與世間的「來世責罰」或「精神不朽」相關聯，
他們希望在死後獲得賜福或獲得永遠的尊敬。
　　——愛與生的苦惱

愚人終其一生還是愚人，

即使在樂園中被美女包圍，
他也難以脫離愚人的個性。
—— 人生的智慧

一般人咸信，
人的外觀足以描繪其內心，
人的容貌是其個性的表現。
—— 生存空虛說

任何人之所以是他，
是由於他的認知，然後才成為他的。
—— 意志和表象的世界

不是根本且獨創性的東西，
或者不是由同一塊木料所做成的家具，
它總是顯得有點彆扭。
—— 愛與生的苦惱

被利己之心所俘虜的人，
只認識個別的事務，
只了解它們與自己的關聯，
而且它們還是出奇翻新的，
經常成為慾望的動機。
—— 愛與生的苦惱

每個人的生存都是為了自己，
同時重要的是生活在自己之中。
他成為什麼，他如何生活，
對自己比對別人要緊得多，
假使他在這方面不能得到自己的尊重，
在別人的眼裡，他也值不了多少。
——人生的智慧

模仿別人的屬性和特點比穿別人的衣服還要可恥得多，
因為這就是自己宣告自己毫無價值。
——意志和表象的世界

任何想假裝高傲的人不一定就能驕傲，
他多半會像其他人一樣，
很快地丟棄這種假裝的個性。
——人生的智慧

水在不同的情況下有不同的表現，
但總是能忠實地保有自己的特性。
——意志和表象的世界

任何人之所以是他，

是由於他的認知，然後才成為他的。
—— 意志和表象的世界

每個人都想全心全意為自己，
要占有一切，至少是控制一切，
而凡是抗拒他的，他就想加以毀滅。
—— 愛與生的苦惱

一個人要承認他人的價值，
尊重別人的價值，
根本上就得自己也有自己的價值。
—— 意志和表象的世界

使別人喜歡自己，
不論出於什麼方式，
目的還是在於想得到我們所需要的。
—— 人生的智慧

朋友都說自己是真誠的，
其實，敵人才是真誠的。
所以，我們應該把敵人的抨擊、指責作為苦口良藥，
以此來更多方面的了解自己。
—— 人生的智慧

只有自身有價值的人，
才會了解他人的優劣所在。
　　　——生存空虛說

一個有動機作用的道德訓條，
它之所以能起作用，
只是由於它對人的自愛起了作用。
　——愛與生的苦惱

若人的觀念是一種罪行，
人的誕生是一種懲罰，
人的生命是一種勞苦，
而人的死亡是一種必然的現象，
那麼，人有什麼地方值得驕傲呢！
　　　——人生的智慧

每個人身上所具有的，
首先是強烈的自我中心主義。
這種自我中心主義以最大的自由突破公理和正義的約束。
　——人生的智慧

每個人身上所具有的，

首先是強烈的自我中心主義。

這種自我中心主義以最大的自由突破公理和正義的約束。

—— 人生的智慧

惟有直接且存於自身的價值中才具有絕對的價值，

因為此種東西在任何情況下都不會為他人所剝奪。

—— 人生的智慧

只有人，因為他具有理性，

才會在他實際和無數可能的生活道路上瞻前顧後；

這樣才完成一個有思慮的，

從而連貫為一個整體的生活過程。

—— 意志和表象的世界

每個人身上所具有的，

首先是強烈的自我中心主義。

這種自我中心主義以最大的自由突破公理和正義的約束。

—— 人生的智慧

從人格一詞的廣泛意義來說，

人就是人格，

其中包括著健康與精力、美與才氣、

道德品性、智慧和教育等。

—— 人生的智慧

人的本質就在於他的意志有所追求，
一個追求滿足後又一個追求，永無休止。
—— 意志和表象的世界

人由於有理性而超過動物的地方，
就是他能對整個生活有全面的考量。
—— 意志和表象的世界

唯有人在他的抽象概念中，
常懷著自己必然會死的憂慮。
—— 意志和表象的世界

人，不同於一般動物只生存在「現在」，
人類有理性，靠著它，由檢討過去而瞻望未來。
—— 愛與生的苦惱

人與其他動物最大的不同，
就是人具有熱烈和深厚的情感。
—— 人生的智慧

如果沒有死亡的問題，

恐怕哲學也就不成其為哲學了。
—— 愛與生的苦惱

人雖和動物一樣，
都是以同等的必然性而為動機所決定的，
然而，人卻以具有完整的抉擇力而優勝於動物。
—— 意志和表象的世界

人時時在顧慮、不安和不滿的思想中；
比諸其他動物的平和與安逸，
難道我們不感到羞恥嗎？
—— 人生的智慧

人真像一根燃燒的蠟燭，
不到快燃燒完了的時候，
他不會意識到自己的命運原是要化為灰燼。
—— 人生的智慧

人格所具備的一切特質，
是人的幸福最根本的影響因素。
—— 人生的智慧

每當一個人遠航歸來，

他總有故事可說。

—— 人生的智慧

若一個人認識最內在的真正自我，

他必然願以一身承擔自己以及全世界的痛苦。

—— 愛與生的苦惱

如果沒有死亡的問題，

恐怕哲學也就不成其為哲學了。

—— 愛與生的苦惱

死亡，對任何人而言，

比以前所迴避的一切暗礁都更險惡。

—— 愛與生的苦惱

每當一個人遠航歸來，

他總有故事可說。

—— 人生的智慧

第二節

天才與偉大

智慧對於性格的作用，
猶若一個人穿上與平常完全不相同的服裝，
戴上假髮或假鬍子，而改變人的外觀一般。
—— *愛與生的苦惱*

智慧與意志不相結合，根本不能自己進行活動；
若不叫醒意志活動，智慧也昏昏沉沉地成睡眠狀態。
—— *生存空虛說*

天才的根本條件是感受性非常強烈，
這也是男性生理必備的特性；
女人可能有卓越的才幹，
但永遠都與天才無緣，
因為女人都是主觀的。
—— *生存空虛說*

智慧之所以能客觀而深刻地理解世界，
是在脫離意志的情形下才產生的。
　　　　　　　—— 生存空虛說

智慧脫離意志的羈絆，
在自由的對象中翱翔，
不被意志所驅策，
而又能旺盛地活動；
只有這當兒，
世界才有勇敢的色彩和形態，
才能表示它全體的正當意義。
　—— 生存空虛說

一個人內在所具備的愈多，
求之於他人的愈小；
他人能給自己的也愈少。
所以，人的智慧愈高，愈不合群！
　　　　　　　—— 人生的智慧

天才通常是精神能量十分充沛的人。

　　——人生的智慧

　　　　　　人的智力只在事後從經驗上才獲悉意志所作的決定；

　　　　　　　　　　　因此，正在選擇未定的當時，

　　　　　　　　　　　對於意志將如何決定，

　　　　　　　　　　　智力並無判斷的資料。

　　　　　　　　　　　——意志和表象的世界

在個別的事物中發現一般形態，

這才是天才的根本性質。

　　——生存空虛說

　　　　　　　　　　　天才之所以為天才，

　　　　　　　　是因為感受系統和認識活動的優越；

　　　　　　並且，這種異常的狀態必會繼續保持一生。

　　　　　　　　　　　——生存空虛說

智慧對於性格的作用，

猶若一個人穿上與平常完全不相同的服裝，
戴上假髮或假鬍子，而改變人的外觀一般。
—— 愛與生的苦惱

具有高貴的精神天賦，
若勉強他們做適於最平庸的人所做的工作，
那就像把雕飾華美的貴重花瓶當作茶壺使用一般；
天才和注重實用的人相比較，有如金剛石比之於瓦石。
—— 生存空虛說

天才的本質，
比起為意志服務而產生的認識能力，
更能達成強大的發展。
—— 生存空虛說

從事科學方面的工作固需優秀的天賦才能，
但不必具「絕世天才」，
主要是靠興趣、努力、堅韌不拔的精神，
以及幼年開始的指導、不斷研究、多方練習等。
—— 愛與生的苦惱

天才是智慧的自由活動。
—— 生存空虛說

「崇高」的代名詞——
在某種意義下的英雄和天才，
就是意味著他們違反自己的天性，
不追求自身的事件，
不為自己籌謀，而是為全體人類生活之意。
　　——生存空虛說

特殊強烈的想像力，
是天才的伴侶、天才的條件。
　　——意志和表象的世界

通過藝術創作，
天才把他所把握的理念傳達於世人。
　　——意志和表象的世界

世上命運好的人，
無疑是指那些具備天賦才能，有豐富個性的人；
這種人雖然不一定是光輝燦爛，但卻是最幸福的人。
　　——人生的智慧

天才之所以為天才，

是因為感受系統和認識活動的優越；
並且，這種異常的狀態必會繼續保持一生。
—— 生存空虛說

一般人智慧所用之處，
只局限在自然所指定的場合，
也就是理解事物間的相互關係，
以及認識個體的意志和事物的關係而已。
天才則在為理解事物的客觀本質的情形下，
才使用自己的智慧；那是違反智慧之天分的。
所以天才的頭腦不屬於他自己，而是屬於世界，
這就是天才在某種意義下可以啟發世界的原因。
—— 生存空虛說

天才不適合和常人共同思考，
也就是說不適於和他人交談，
這就像天才不喜歡常人，
常人也不歡迎天才的優越性。
—— 生存空虛說

實際上，小孩子即是某種程度的天才，
反之，天才也是某種程度的小孩子。
兩者最接近的特點是表現樸素和純真；
這便是真天才的基本特徵。
—— 生存空虛說

一個人的認識能力，
在普通人是照亮他生活之路的提燈；
在天才人物卻是普照世界的太陽。
—— 意志和表象的世界

無論是從優點或是從缺點來說，
天才和普通人大體上都相同。
因此，人們自然就把天才所起的作用看作靈感。
—— 意志和表象的世界

天賦的偉大才智是一種個性極為敏銳的活動，
對各種痛苦的受容性極高。
—— 人生的智慧

某些事情對天才來說，是一種極具意義的冒險，
但對凡夫俗子來說，卻單調無味，毫無意義。
—— 人生的智慧

特殊強烈的想像力，

是天才的伴侶、天才的條件。

—— 意志和表象的世界

「認識」自身沒有痛苦。

只有快樂，所以它給與天才的是：

高而寬的前額和澄澈晶瑩的眼睛。

那是因為眼睛和額頭都不為意志和窮困服務，

它們只給天才偉大而超俗的快活。

天才所流露出來的這種快活的表情，

倒很配合其他部分的憂鬱——特別是浮現在嘴邊的憂鬱。

—— 生存空虛說

天才不但要有空想，

還要明白各個對象和自己的關聯。

而認識的泉源——直觀世界；

隨時都可供應我們精神的食物，

所以空想是天才所不可缺少的道具。

—— 生存空虛說

智者在和他的同胞相處了極短的時間後，就會退隱，

若他有極高的智慧，便會選擇獨居。

—— 人生的智慧

天才和一般所謂的「幹才」大有區別。
幹才的特徵是他的論證認識敏捷和尖銳，
遠比直觀的認識力強大；
具有這種實幹才能的人，
思維較常人更敏捷、更正確。
天才恰好相反，
他們能看到一般人所看不到的一面；
這是因為天才能夠洞察眼前的世界，
進而發現另一面世界。
　　——生存空虛說

一生之中若不能像個某種程度的「大孩子」，
總是板著臉孔，了無生趣地埋頭苦幹，
完全沉入理智的人，
也許是一個能為世人所稱道的公民，
但絕不是天才的材料。
　　——生存空虛說

一個人應該像偉大的天才那樣思考，
而像普通人那樣說話。
　　——意志和表象的世界

通過藝術創作，

天才把他所把握的理念傳達於世人。
—— 意志和表象的世界

天才之投生在某個時代，
恰似慧星的運轉竄進衛星的軌道，
它的路線是完全不規則的，
不像後者有一定的軌道。
所以，天才不能參與那只存在眼前的，
死板板的行政工作。
他又像瀕死的大將，
孤注一擲地把自己的隨身武器投向遙遠的將來，
時代就循此路徑緩緩前進。
—— 生存空虛說

天才所以伴隨憂鬱的原因，
就一般來觀察，
那是因為智慧之燈愈明亮，
愈能看透「生命意志」的原形；
那時才了解我們竟是這一副可憐相，
而興起悲哀的頭。
—— 生存空虛說

天才不受意志的支配，
只面向美的欣賞，
一切美所給予的歡悅，
藝術所提供的安慰，
使他完全忘卻生活的煩惱。
天才樂於孤獨寂寞，
一個人熱衷於社交的程度，
恰相當於他在理智上貧乏和庸俗的程度。
—— 意志和表象的世界

冷靜就是當面對事物之時，
除事物本身外，任何東西都不放在眼內；
因此，冷靜的人，難以成為天才。
—— 生存空虛說

有空想，就有呼喚靈感的力量，
呼喚出來的靈感會在適當時機啟示真理。
—— 生存空虛說

冷靜就是當面對事物之時，

除事物本身外，任何東西都不放在眼內；
因此，冷靜的人，難以成為天才。
—— 生存空虛說

每個人都有他一度的青春美麗，
同樣的，每個人也有他青春智慧的存在；
但只有極少數得天獨厚的人才能保持一生，
雖是年華老大，還能依稀辨識，
這些人才是真美，才是真天才。
—— 生存空虛說

天才的作品具有永恆的價值，
但他們所承認的事情在後世才能被發現；
而平庸的人只是和時代共生共死。
—— 生存空虛說

上蒼對待天才最好的安排是免除其不擅長的工作，
而有自由創作的閒暇。
—— 生存空虛說

努力愈少，所需之才華和天分便愈多；
而這兩種品質 —— 努力和天才，
無論在內在價值和外來評價上，都無法比較。
—— 人生的智慧

不受激情感動的日常生活是冗長無味的；
一旦有了激情，生活中卻又充滿了苦痛。
唯有那些上天賦與其過多才智的人才是幸福的，
因為他們在執行意志的命令之外，
還有能力過另一種日子：一個沒有痛苦，逸趣昂然的生活。
——人生的智慧

不論在任何情況之下，
不為自身打算的精神都是偉大的，
處處為自己著想的人是卑微的。
——生存空虛說

天才的生活是孤獨的，
因為天才原本就只有極少數人，
所以，不容易過到知己，
和常人相處也顯得格格不入。
——人生的智慧

天才的生活是孤獨的，

因為天才原本就只有極少數人，
所以，不容易遇到知己，
和常人相處也顯得格格不入。
——人生的智慧

天賦之才常疏遠他人，
只因己身所具備的已綽綽有餘，
不需也不能在他人中得到什麼。
所以，他人引以為樂之事，
他只覺得膚淺乏味罷了，
相對地，他所覺得快樂的事也就少些。
——人生的智慧

天才內在的苦悶是不朽之作的源泉，
他們有時陷於夢幻似的沉鬱，
有時又顯出激烈的興奮。
和才智正常的人相形之下，
後者是多麼理智、沉著、平靜，
並且他們的行為是多麼確實和平衡。
——人生的智慧

天才多半陷入困境，一生潦倒落魄，
因為天才常為客觀的目的而犧牲自身的幸福；
凡人的渺小，天才的偉大，其分界在此。
——人生的智慧

天才被認為是悲哀的象徵，
他們的情形就像整天都被烏雲所覆的勃朗峰頂。
但憂鬱的天才有時會露出只有他們才能領略的特殊快活；
這種快活是由精神最完全的客觀化所產生。
—— 人生的智慧

天才，迫切需要沒有煩擾的自由，
他歡迎寂寞，閑暇是他最大的幸福。
—— 人生的智慧

在經常參觀瘋人院時，
我曾發現過個別的患者具有不可忽視的特殊稟賦，
在他們的瘋癲中可以明顯地看到他們的天才，
不過瘋癲在這裡總是占有絕對上風而已。
—— 意志和表象的世界

痛苦和妄念都以錯誤的認識為根源，
所以歡愉和痛苦都不能接近智者；
沒有什麼事故能擾亂智者的恬靜。
—— 意志和表象的世界

偉人的價值不在他的名聲，

而是造成他獲得聲名的原因；
而他的快樂在於產生「不可磨滅的種子」。
—— 生存空虛說

不論任何偉人，
也往往有以個人為著眼點的事情；
換言之，也往往有當小人物的時候。
任何英雄，在他的侍從看來，
也有表現非英雄本色的時候；
如果你以為那些侍從有評價英雄的能力，
那就大錯特錯了。
—— 生存空虛說

一個人的認識愈明晰，智慧愈增，
他的痛苦也愈多，身為天才的人，
他便有了許許多多的苦惱。
—— 意志和表象的世界

天才和瘋癲有著相互為鄰的一條邊界，甚至相互交錯。
—— 意志和表象的世界

偉人的幸福不是由於他將留名後世，
而是因為他能創造偉大且足以留存萬世可供研讀的思想。
—— 人生的智慧

偉人的價值不在他的名聲，
而是造成他獲得聲名的原因；
而他的快樂在於產生「不可磨滅的種子」。
—— 生存空虛說

　　　　　　　　　　行為能力卓越的人，
　　　　　　　　　　除強烈的意志外，
　　　　　　也必然有完全或相當分量的智慧，
　　　　　　　　　　這正是一般人所欠缺的。
　　　　　　　　　　—— 人生的智慧

一個聖者不必然是哲學家，
一個哲學家也不必然是聖者；
這和一個俊美透頂的人不必然是偉大的雕刻家，
偉大的雕刻家不必然是俊美的人，是同一個道理。
—— 意志和表象的世界

　　　　　　宇宙中的萬事萬物越是優秀，越是高等，
　　　　　　　　他們達致成熟的時間就來得越遲緩。
　　　　　　　　　　—— 生存空虛說

不論在任何情況之下，

不為自身打算的精神都是偉大的，
處處為自己著想的人是卑微的。
—— 生存空虛說

一般偉人所注目的，不論是實際上的事物，
還是純理論的原理，當給與他們活動之際，
並不是求一己之私，而是追究客觀的目的。
他的目的也許會被誤解，也許會被視為一種犯罪，
但他依然不失其偉大。
—— 生存空虛說

天才的本質在於他強烈的直觀認識。
—— 生存空虛說

個子矮，尤其是脖子短的人，最適於腦的活動，
因此，可以說偉大的的思想家很少是高頭大馬的；
但並不是說，非要矮身材的條件不可。
—— 生存空虛說

所謂天才，
可說是「不忠實於本務的智慧」。
天才之所以給自己帶來不利，原因也在此。
—— 人生的智慧

PART5

第五部

藝術論

第一節

文學

在一個精神偉大的人物之作品裡指出一些缺點和錯誤，
比明確而完備地闡發這作品的價值要容易得多。
這是因為這些錯誤總是個別的、有限的，
所以，總是可以一覽無餘的。
—— 意志和表象的世界

只有經歷了時光之流的沖激與考驗，
人們方有能力來評論著作，
而它的真正價值也才會顯露出來。
—— 人生的智慧

文學中的人生是樂趣無窮的，是毫無痛苦的。
現實剛好相反，生活即使沒有痛苦，也毫無樂趣；
若一味追求快樂，則又沒有不痛苦的道理。
—— 生存空虛說

只有真正的傑作，

乃是從自然、從生活中直接汲取來的，

才能和自然本身一樣永垂不朽，

而常保有其原始的感動力。

—— 意志和表象的世界

不了解自己的偉大所在，

但又能產生偉大的作品，天下絕無此理。

—— 生存空虛說

著作的本身便是不朽的，

一旦寫成為書，便可永久存在。

—— 人生的智慧

第一流的文學家能知道別人的見解是如何的淺薄，

也能知悉其他人所看不到、所描寫不出來的東西，

更知道自己的眼光和描述是如何的比別人進步。

他也知道自己是第一流的文學家，

而那些淺薄的人是無法了解他的。

—— 生存空虛說

不了解自己的偉大所在，

但又能產生偉大的作品，天下絕無此理。

—— 生存空虛說

真天才、大作家，

往往會陷入一段長時期的絕望生活；

因為能中肯地評價一流作家的人，

他本身已不平凡，但這種知音太難得了。

—— 生存空虛說

枯燥的人喜歡無味的作品，

普通人也愛看普通的文章，

觀念混亂的人只欣賞思路不清的著作；

沒有頭腦的人所看的也必是空空洞洞的書籍。

—— 人生的智慧

有些作者，

在人們強迫他改寫他那麼宏大晦澀的、

以符合書中膚淺得一覽無餘的內容時，

就會和一個人在要他光著身子走路時一樣難為情。

—— 意志和表象的世界

唯有發自心靈深處的作品才能獲得桂冠。

—— 人生的智慧

文學家的先決條件是：

先要洞察人性與社會。

—— 生存空虛說

極為高貴的功勳事業，
也只能影響短暫的時間；
然而，一部才華四溢的名著，
卻是活生生的靈感泉源，可歷千秋萬世而長青。

—— 人生的智慧

著作是不會長久被誤解的，
即使最初可能遭到偏見的籠罩，
在長遠的時光之流中，
終還是會還其廬山真面目。

—— 人生的智慧

文學最簡單、最正確的定義應是：
「利用詞句使想像力活動的技術。」

—— 生存空虛說

最無風雅的人固然也會把公認的傑作當作權威，
但那不過是為了不暴露他們自己的低能膚淺罷了。

—— 意志和表象的世界

青年們接近文學雖比接觸現實來得早，
但為了現實的要求，不得不放棄文學；
這就是最優秀的青年常被不愉快所壓迫的主因。
——生存空虛說

文學是具有青年熱情奔放的性質，
而哲學則帶有老年老成持重的氣氛。
——生存空虛說

文學的情形和人生毫無不同，不論任何角落，
都可看到無數卑賤的人像蒼蠅似的充斥各處，為害社會。
——生存空虛說

文學的目的是在於推動我們的想像，
給我們產生「觀念」。
——生存空虛說

真正詩人的抒情作品，

能夠經幾千年而仍舊正確有效，
仍有新鮮的意味。
—— 意志和表象的世界

文學家的先決條件是：
先要洞察人性與社會。
—— 生存空虛說

文學之花的盛開綻放，唯有在青年時代；
對於文學的感受力，也是在此時期屢屢產生激情。
青年們大都喜歡韻文（有押韻、韻腳的文章)；
這種傾向隨著年齡的增加而逐漸遞減，
一到老年則喜歡散文。
—— 生存空虛說

真正的詩人，不論高級或低級，
他們的直接標誌是：韻腳自然，毫不勉強。
他們的韻腳像有神來之筆，自自然然地表現出來；
他們的思想在腦中成熟後才去找韻腳；
這才是真正的詩人。
細密的散文作家是為了思想而求韻腳，
濫作家則為了韻腳而搜索思想。
—— 生存空虛說

真正詩人的抒情作品，
能夠經幾千年而仍舊正確有效，
仍有新鮮的意味。
　── 意志和表象的世界

　　詩人要通過選擇和意圖來表現出緊要情況中的緊要人物，
　　　　歷史家卻只看這兩者是如何便如何秉筆直書。
　　　　　　　　　　　── 意志和表象的世界

表達人的理念，
是詩人的職責。
　── 意志和表象的世界

第二節

藝術

對一件藝術品，
你必須像在對一個偉人，
耐心地站在他的面前，
等待他俯首對你講話。
　——生存空虛說

藝術的唯一源泉就是對理念的認識，
唯一的目標就是傳達這種認識。
　——意志和表象的世界

藝術複製著由純粹觀審而掌握的永恆理念，
複製著世界一切現象中本質和常住的東西；
而用以複製的材料是什麼？
可以是造型藝術，是文藝或音樂。
　——意志和表象的世界

人的體態、人的表情是造型藝術最重要的對象，
猶如人的行為是文藝最重要的對象一樣。
　　　　——意志和表象的世界

文藝要求讀者想像力的合作，
以使它所描寫的更有直觀的形象性。
　　——意志和表象的世界

音樂是表達感觸和熱情的語言，
相當於文字是表達理性的語言。
　　　　——意志和表象的世界

戲劇是最客觀的，
並且在不止於一個觀點上，
也是最完美、最困難的一種體裁。
　　——意志和表象的世界

若沒有真理，
任何藝術的美將不能存在。
　　　　——生存空虛說

歷史之於文藝，
就好比肖像畫之於故事畫，
前者提供個別材料中的真，
後者提供一般普遍中的真。
　　—— 意志和表象的世界

藝術家讓我們通過他的眼睛來看世界。
　　—— 意志和表象的世界

如果一個音樂家曉得他的聽眾幾乎都是聾子，
而且為了掩飾己身的不確定，
他們看到有一二人在鼓掌，便也用力拍手，
他還會為了他們熱烈的掌聲而喜悅嗎？
　　—— 人生的智慧

在雕刻中，美的儀態依然是主要的。
在感觸、激情、知和意的相互影響中出現的精神特徵，
只能由面部表情和姿態表現出來，
所以精神特徵最好是繪畫的題材。
　　—— 意志和表象的世界

歷史之於文藝，

就好比肖像畫之於故事畫，
前者提供個別材料中的真，
後者提供一般普遍中的真。
—— 意志和表象的世界

藝術是摹仿自然來創造出美的。
—— 意志和表象的世界

愛好悲劇的心理不屬於美的感覺，
而是惻隱之心最高度的表現。
—— 生存空虛說

所有的敘事詩或戲劇，
不外是表現人類為獲得幸福所做的掙扎和努力，
而從未描繪永恆且圓滿的幸福；
這些詩的主角歷盡了千辛萬苦或通過重重危險，
終於走到他的目標；
一旦到達終點後，
便匆匆閉幕，草草收場。
—— 愛與生的苦惱

音樂完全孤立於其他一切藝術之外。
—— 意志和表象的世界

戲劇是最客觀的，

並且在不止於一個觀點上，
也是最完美、最困難的一種體裁。
—— 意志和表象的世界

作曲家在他的理性所不懂的一種語言中，
啟示著世界最內在的本質，
表現著最深刻的智慧，
正如一個受催眠的夢遊婦人講出一些事情，
在她醒時對於這些事情一無所知一樣。
—— 意志和表象的世界

音樂無論在什麼地方，
都只是表出生活和生活過程的精華，
而不是表出生活及其過程自身；
所以，生活和生活過程上的一些區別，
並不是每次都影響到生活及其過程的精華。
—— 意志和表象的世界

如果我們看到人體的美，
我們都能認識這種美；
但是在真正的藝術家，
他認識這種美竟如此明晰，
以致他表達出來的美乃是他從未曾實際看到過的美，
我們看到的美在他的表達中已超過了自然。
—— 意志和表象的世界

若沒有真理，

任何藝術的美將不能存在。
—— 生存空虛說

因為在儀態之外還有「美」，
是人體雕刻的主要課題，
所以雕刻喜歡裸體；
只在衣著並不隱蔽身段時，
才可以容許衣著。
雕刻利用藝術上的褶裙不是用以隱蔽，
而是用以間接地表現身段。
—— 意志和表象的世界

建築藝術及造型藝術與文藝的區別，
乃在於建築所提供的不是實物的擬態，而是實物本身。
—— 意志和表象的世界

自然美本來是沒有意志的純粹認識，
事實上確是唯一純粹的幸福；
在它之前沒有苦惱、沒有慾望，
在它之後不會伴隨後悔、苦惱、空虛、倦怠。
—— 愛與生的苦惱

第六部

情愛論

第一節

愛情

戀愛，所以始終成為最豐饒的閑談題材，
在於它的根底乃是一件非常嚴肅的事。
但這人人都關心的重大事項，
為什麼總要避開人家的耳目，
偷偷摸摸地進行呢？
—— 愛與生的苦惱

　　　　　　所有戀愛事件的終極目的，
　　　　不論是以喜劇演出，或是以悲劇出場，
　　　　實比人生其他的一切目的更為打動人心。
　　　　　　　　　　　—— 生存空虛說

吸引異性的首要條件是健康、力和美，
也就是說戀愛的本錢是青春。
—— 愛與生的苦惱

愛情事件，是戰爭的原因，也是和平的目的，
是嚴肅正經之事的基礎，也是戲謔玩笑的目標，
是智慧無盡的泉源，也是解答一切暗示的鎖鑰。
男女間的互遞暗號，
秋波傳情，窺視慕情等，
這一切無非是基於愛情。
—— 愛與生的苦惱

我認為在一個國家內，
除了可憐的王子外，
每個男人都應有選擇妻子的自由。
—— 人生的智慧

帶著殺人的弓箭、盲目，以及身附翅膀，
這是丘比特的特徵。
翅膀是象徵戀愛的不定無常；
但這裡的不定，通常是在滿足戀情後，
引起幻滅的感覺之同時，才表現出來。
—— 生存空虛說

所有戀愛事件的終極目的，

不論是以喜劇演出，或是以悲劇出場，
實比人生其他的一切目的更為打動人心。
—— 生存空虛說

戀愛而結婚是為種族的利益，
而不是為了個人。
當然，這情形當事者並無所知，
還誤以為是追求自己的幸福。
—— 愛與生的苦惱

一般人總認為戀愛結婚是基於理智的選擇，
但「理智」兩個字，
實不足以解釋那五花八門、
千變萬化的男女戀愛和結婚的現象。
戀愛而結婚是為種族的利益，而不是為個人。
—— 生存空虛說

由雙方家長安排、以實利為目的的所謂「便利婚姻」，
反而往往比愛情的結合幸福些，
因為此種婚約能顧慮到種種因素與條件，
不管這些條件何其繁多，
至少它很具體而實在，不會自然消失；
並且，它總以結婚當事人的幸福為著眼。
—— 愛與生的苦惱

並非不能達成的戀愛，才招致悲劇的結局，

既遂的戀情，收場不幸的恐怕比幸福的還多；

這是因為激情所要求的往往和當事人的幸福發生衝突，

和他所有的事情都不能一致，

破壞了他由這些事情所建立的遠景。

——生存空虛說

戀愛時，對戀人示之以冷淡，

甚至以使對方痛苦為樂，

我們把它稱之為「殘忍」，實在並不過分。

同時，這也是戀愛中常有的事。

——愛與生的苦惱

戀愛的主要目的，不是愛的交流，

而是占有——肉體的享樂；

所以，縱是確有純潔的愛，

但若缺乏了肉慾的享樂，

前者也無法予以彌補或給予慰藉。

——生存空虛說

戀愛時，對戀人示之以冷淡，

甚至以使對方痛苦為樂，
我們把它稱之為「殘忍」，實在並不過分。
同時，這也是戀愛中常有的事。
—— 愛與生的苦惱

在紛亂的人生中，
我們仍看見情侶們悄悄交換互相思慕的眼光。
不過，他們的眼神為何總顯得那麼隱秘、
那麼畏縮、那麼偷偷摸摸？
這是因為他們原是叛徒，
他們故意使所有即將結束的痛苦和辛勞繼續延續下去。
—— 愛與生的苦惱

眾所周知，
幸福的婚姻並不多，
因為結婚的本質，
其目的並不為現在的當事者，
而是為了未出世的兒女著想。
—— 愛與生的苦惱

人類為了性慾的滿足，
才先有對異性的深刻觀察；
或者為了選擇終身伴侶而精神恍惚，
從而產生纏綿悱惻、如痴如狂的戀愛。
—— 愛與生的苦惱

一切純真的愛都是同情，
而任何不是同情的愛都一己之私。
——意志和表象的世界

戀愛不但會與外界環境相衝突，
連和戀愛者自身的個性也常產生矛盾；
因為撇開性的關係來觀察你的戀愛對象，
也許那還是你本來所憎厭、輕蔑或嫌惡的異性。
——愛與生的苦惱

所謂戀愛，
不管所呈現的外觀是如何的神聖、美妙、務實，
它的根柢只是存在於性本能之中。
——生存空虛說

純潔的少年男女，
經常沉湎於愛情、幻想；
一旦與異性有了關係，
更不時為性愛問題而煩惱。
——愛與生的苦惱

一切純真的愛都是同情，

而任何不是同情的愛都一己之私。

—— 意志和表象的世界

性愛才是這個世界真正的世襲君主，
它已意識到自己權力的偉大，
倨傲地高坐在那世襲的寶座上，
以輕蔑的眼神統治、駕御著戀愛；
當人們用盡一切手段想要限制它，
隱藏它或者認為它是人生的副產物，
甚至是毫不足取的邪道時，
它便冷冷地嘲笑他們的徒勞無功。

—— 愛與生的苦惱

戀人間愛情的增進，
不外是希望產生新個體的生存意志而已。
不但如此，
在情侶們充滿愛慕的眼神相互交接的一剎那，
已經開始燃燒著新生命的火焰。

—— 愛與生的苦惱

情愛糾紛可以使人計劃出最惡毒的事件來，
拆散最貴重的父子和友情關係，
以及斷絕最堅強的羈絆。

—— 生存空虛說

結婚的目的，
不是為夫妻間充滿情趣的交談，
而是為製造子女。
結婚不是心與心的結合，
而是身體和身體的結合。

　　——生存空虛說

性愛若附加上「性向一致」的友情，
雖然不多見，但也可締結真正白首偕老的夫妻；
這是從完全不同的根源所產生的感情，
雙方以最柔和的心情互相慰藉。

　　——愛與生的苦惱

自古迄今，因戀愛的衝動未得滿足，
腳上像拖著沉重的鐵塊在人生旅途上踽踽獨行，
在寂寥的森林中長吁短嘆的，
絕不止克麗奧佩脫拉（即埃及艷后）一人；
只是在這煩惱之同時，又具備詩人素質的，
只有克麗奧佩脫拉一人而已。

　　——愛與生的苦惱

所謂戀愛，

不管所呈現的外觀是如何的神聖、美妙、務實，
它的根柢只是存在於性本能之中。
—— 生存空虛說

戀愛不但往往和外部的事情相矛盾，
連和戀愛者自身的個性也相矛盾，
因為離開性的關係來觀察戀愛對象，
甚至也有憎惡、輕蔑、嫌棄的感覺。
—— 生存空虛說

愛神是盲目的，陷入情網的男人，
雖明知意中人的氣質或性格都有使他難以忍受的缺點，
甚至會給他帶來痛苦與不幸，
卻仍不肯稍改初衷，一意孤行。
—— 愛與生的苦惱

把愛人讓給別人，
實是所有犧牲中最大的犧牲。
英雄雖是不恥一切的哀嘆，
惟獨對戀愛的嘆息不引以為恥，
因為這時悲泣的不是英雄本人，而是種族。
—— 生存空虛說

有教養的青年男女，
若心意、性格和精神方向均能一致，
是可以建立完全不摻雜性愛的友情的；
不僅不混雜性慾，
甚至他們之間也會互相存在某種嫌惡。
—— 生存空虛說

第二節

性慾與慾望

狹義的禁慾，
就是為虐待意志而不斷地尋找不愉快的事情，
為折磨自己而拒絕快樂，
甘願過著贖罪的生活，
也就是故意去破壞意志。
—— 愛與生的苦惱

性慾是生存意志的核心，
是一切慾望的焦點，
所以我把生殖器官名之為「意志的焦點」，
不獨如此，甚至人類也可說是性慾的化身。
因為人類的起源是由於性交行為，
同時兩性交合也是人類慾望中的慾望，
並且惟有藉此才得以與其他現象結合，
使人類綿延永續。
—— 愛與生的苦惱

性慾及性的滿足，
是意志的焦點和它的最高表現。
　　——愛與生的苦惱

意識中一般性慾的表現，
若不是針對一定的異性，
那他只是為本身著想而已，
離開這現象來看，不過是「生活的慾望」；
但若是性慾的意識，
向著某特定的一個人，
則是傳宗接代的生存意志。
　　——生存空虛說

性慾可視之為樹木（種族）的內在衝動，
它使個體的生命萌芽；
此猶如樹木供給樹葉養分，
同時，樹葉也助長樹木壯大一般。
　　——愛與生的苦惱

性慾及性的滿足，

是意志的焦點和它的最高表現。
—— 愛與生的苦惱

性慾和其他慾望的性質截然不同。
就動機而言，它是最強烈的慾望；
就表達的情形來說，它的力量最強猛。
不論在何處，它都是不可避免的現象。
—— 愛與生的苦惱

男女的兩情相悅，從客觀來看，
實際上，也只是本能的偽裝。
—— 生存空虛說

生殖行為是意志最直接和最大的滿足，
但它只是盲目行動之下的肉慾工作，
在通過了意志的自我意識下，
輕易地形成有機體。
—— 愛與生的苦惱

性慾是求生意志中，
最完全的表現和最明確的形態。
—— 愛與生的苦惱

男人的生殖力愈減退，
反自然傾向愈具決定性，
於是造化便達成了它預防種族惡化的目的。
——愛與生的苦惱

當肉體的快樂引誘一個人乖離正道時，
他的肉慾性質——
他身上的動物性部份——該負責任。
——人生的智慧

無慾是人生的最後目的！
是的，它是一切美德和神聖性的最內在本質，
也是從塵世得到解脫的根本因素。
——意志和表象的世界

性慾可使當事的男女變得盲目。
——生存空虛說

一般人只生存於慾望中，

無法享受到純粹智慧的樂趣，
無法感受純粹認識中所具有的喜悅。
—— 愛與生的苦惱

人要獲得獨立自主和閑暇，
必須自己節制慾望，隨時養神養性。
—— 人生的智慧

性衝動是生命中最堅決且最強烈的肯定！
性衝動是最後的目的，
是生命的最高目標。
—— 意志和表象的世界

不論任何年齡，若濫用生殖力，都會縮短生命；
反之，節慾卻能增進一切力量，尤有助於體力。
—— 愛與生的苦惱

人類為了性慾的滿足，
才先有對異性的深刻觀察，
或者為了選擇終身伴侶而神思恍惚，
從而產生纏綿悱惻、如痴如狂的戀愛；
最後，再演變成雙親對子孫的過度愛情。
—— 愛與生的苦惱

慾望是經久不息的，需求可以到達無窮。

———— 意志和表象的世界

一個人雖能達到禁慾的境地，
但他畢竟具備精力充沛的肉體，
既有具體化的意志現象，
就難免經常感到有被牽引進某種慾望的蠢動。

———— 愛與生的苦惱

一般人只生存於慾望中，
無法享受到純粹智慧的樂趣，
無法感受純粹認識中所具有的喜悅。

———— 愛與生的苦惱

貪慾是一切惡德的根源。

———— 人生的智慧

邪惡並不在意欲中，

而是在帶有知識的意欲中。

—— 人生的智慧

邪惡並不在意欲中，
而是在帶有知識的意欲中。

—— 人生的智慧

一切意欲都是由於需要、由於缺乏、由於痛苦。
某一願望的滿足便能結束這個意欲。
然而，對一個已經滿足了的願望來說，
至少還有別的願望沒有得到滿足。
—— 愛與生的苦惱

若是慾望太容易獲得滿足，
一旦慾望的對象消失了，
可怕的空虛和苦悶將立刻來襲。

—— 愛與生的苦惱

只要我們意識中充滿自己的意志，
只要我們一沉溺於慾望及其不斷的希望和恐懼之中，
只要我們是意欲活動的主體，
就永遠無法得到長久的幸福和平靜。
—— 意志和表象的世界

慾望愈強烈，愈貪求慾望能滿足的人，

他所感到的痛苦也就更多更深，

因為慾望經常附在他身上不斷地啃咬他，

使他的心靈充滿了苦惱。

如此積久成習，

一旦慾望的對象全部消失，

他幾乎便以看別人的痛苦為樂了。

——愛與生的苦惱

在慾望已經獲得的對象中，

沒有一個能夠提供永遠持久、不再衰退的滿足，

而是這種獲得的對象只是像丟給乞丐的施捨一樣，

今天維繫了乞丐的生命，

以便在明天又延長他的痛苦。

——意志和表象的世界

第三節

女人

唯有理智被性慾所蒙蔽的男人，
才會以「美麗的天使」這個名銜贈給那——
矮小、窄肩、肥臀、短腿的女人；
因為女性的美感實際上只存在於性慾之中。
　　——生存空虛說

　　　　　　　　　女人較冷靜，不猶疑；
　　　　　對於事物的見解，只就存在的事實，
　　　頭緒單純，不會被那些紛然雜陳的思想所混亂。
　　　　　　　　　　——生存空虛說

女人於事物的理解方法和男人截然不同，
最顯著之點是，她們的眼中只有近的事物，
做起事來總是選擇達到目的地最為便捷的路徑。
　　——生存空虛說

女人很少表現強烈的悲哀、歡喜等情緒，
所以，她們的生活在本質上來說，
無所謂比男人幸福或不幸，
她們只是冀求恬靜、安寧的度其一生。
—— 生存空虛說

虛偽和佯裝可以說是女人的天性，
即使是賢女和愚婦，也沒有太大的差別。
—— 生存空虛說

女人她若表現出關心他的態度，
實際上那只是偽裝，
是為了達到目的的迂迴戰術，
終究不過是模仿或逞媚而已。
—— 生存空虛說

在許許多多的情況中，
女人的命運是極為悲慘的，
而其愚蠢卻又往往勝過她的罪過。
—— 人生的智慧

女人較冷靜，不猶疑；

對於事物的見解，只就存在的事實，
頭緒單純，不會被那些紛然雜陳的思想所混亂。
—— 生存空虛說

對於初見面的朋友，

男人大半都很爽朗，

女人則充滿矯飾做作；

所以，那時她們之間的客套話和奉承話，

聽起來就比男人要滑稽得多。

—— 生存空虛說

女人，是精神上的近視者。

—— 生存空虛說

女人終其一生只能像個小孩，

她們往往只看到眼前的事情，

老是執著於現實，

其思維僅及於表面而不能深入，

不重視大問題，只喜歡那些雞毛蒜皮的小事。

—— 生存空虛說

女人是弱者，沒有雄渾的力量，
造物主就賦與她們一種法寶——「狡計」，俾賴以生存。
—— 愛與生的苦惱

在許許多多的情況中，

女人的命運是極為悲慘的，
而其愚蠢卻又往往勝過她的罪過。
—— 人生的智慧

女人最適於擔任養育嬰兒及教育孩童的工作。
為什麼呢？
因為女人本身就像個小孩，既愚蠢又淺見 ——
一言以蔽之，她們的思想是介於男性成人和小孩之間。
—— 愛與生的苦惱

就女人的外觀和內在精神言之，
她們總是不能勝任肉體上的劇烈勞動。
就因為她們在行動上無法承當「人生的債務」，
所以，造物者特別安排一些受苦受難的事情，
諸如，分娩的痛苦、子女的照顧、對丈夫的服從等等，
很微妙的，女人對丈夫往往有一種高度的忍耐力。
—— 愛與生的苦惱

在女人一生中，她全是依靠男人的，
而男人只依靠女人的一部分。
這樣安排以後，就使得女人和男人必須互相依靠了。
—— 人生的智慧

在女人的觀念中，
認為賺錢是男人的本分；
而盡可能花完它，是她們應盡的義務。
尤其是，丈夫為了家庭生計把薪俸轉交她們之後，
她們更是增強了這種信念。
　　── 愛與生的苦惱

　　　　一般女性的內在美，大多得自於其容貌醜陋的幫助；
　　　　　　　　而智慧方面則無上述複雜難解的問題，
　　　　　　　　只須稍加測試，即可獲致正確的判斷。
　　　　　　　　　　　　　── 愛與生的苦惱

女人一生的主要內容大部分是她和男人的關係，
因此，性愛對女人的重要就比對男人的重要了。
　　── 人生的智慧

　　　　　　女人比男人更具憐憫之心。
　　　　　　因此，對於那些不幸的人，
　　　　　　容易表現出仁愛和同情的言行。
　　　　　　　　　　── 愛與生的苦惱

一個女人違反婚約，
這是對整個女性的一種背叛。
　　—— 人生的智慧

　　女人畢竟是女人，她們永遠都落在男人後頭。
　所以，我們對女性的弱點只有睜一眼閉一眼地，
　　　　　只能裝裝糊塗不須要太認真；
　　　但對她們太過尊敬，也未免顯得可笑，
　　　在她們眼中看來，我們是在自貶身價。
　　　　　　　　　　　　—— 愛與生的苦惱

我們不太重視少女的羞辱，
而重視一位妻子的羞辱，
因為前者還可以以婚姻來補救，
而後者則無法彌補她婚姻的破裂。
　　—— 人生的智慧

　　當女人年輕的時候，支配者是丈夫；
　在她們年華老大時，支配者則是聽取懺悔的僧眾。
　　　　　　　　　　—— 生存空虛說

女人比男人更具憐憫之心。

因此，對於那些不幸的人，
容易表現出仁愛和同情的言行。
—— 愛與生的苦惱

男人對任何事物都是憑理性或智慧，
去理解它們或親自去征服它們；
而女人不論身處於任何時地，
都是透過丈夫的關係，間接支配一切，
所以，她們具有一種支配丈夫的力量。
—— 生存空虛說

獵取女人歡心的要素大概是：
堅定的意志、決斷、勇氣，
以及親切、正直等諸性質。
—— 生存空虛說

一個人的道德性質、性格、性向、心地皆得自父親，
而智慧的高低、性質及其傾向則遺傳自母親。
—— 愛與生的苦惱

男人缺乏理解力，女人並不在乎，
反而認為卓越的精神力和天才是一種變態，
它將帶來不幸的結果。
—— 生存空虛說

凡是才慧卓絕的人，
必有個理智優越的母親。
　　── 愛與生的苦惱

男女間若難以激起情愫，
甚或互相憎惡怨恨，即使可以生育，
其子女的內在體質亦必是不健全、不調和的。
　　── 愛與生的苦惱

兩性之間之所以具有強烈的吸引力和緊密的聯結，
就是由於各種生物的種族求生意志之表現。
這時的意志已預見到他們所產生的個體
很適合意志本身的目的和它本質的客觀化。
　　── 愛與生的苦惱

男人如果寬恕女人冒犯自己，
其他男人就會認為他是可恥的。
　　── 人生的智慧

凡是才慧卓絕的人，

必有個理智優越的母親。

——愛與生的苦惱

離婚是表示身為當事者的女人沒有能力，

不能使丈夫向自己投降；

這就意味著她妨害了所有其他女人的利益了。

——人生的智慧

PART7

第七部

幸福論

第一節

幸福

一切的滿足或一般所謂的幸福，
在原有意義和本質上都只是消極的，
無論如何絕不是積極的。
這種幸福並不是由於它本來就會降臨到我們身上的福澤，
而永遠必然是一個願望的滿足。
—— 意志和表象的世界

在一切的幸福中，
人的健康實勝過任何其他幸福，
一個身體健康的乞丐，要比疾病纏身的國王幸福得多。
—— 人生的智慧

最令人雀躍的大喜悅，
通常是接續在飽嘗最大的痛苦之後。
—— 愛與生的苦惱

人的幸福和順逆，
僅僅是從願望到滿足，
從滿足又到願望的過程中，
如果缺乏了滿足就是痛苦，
缺乏新的願望就是空洞的想望、沉悶、無聊。
——意志和表象的世界

人自身所具有的是什麼，
主要的因素是存在他的幸福中。
因為這是一種規則，
大部分的人盡一切力量與貧窮奮鬥，
那是很難獲得幸福的。
——人生的智慧

人自身的福祉，
如高貴的天性、精明的頭腦、樂觀的氣質、
爽朗的精神、健康完善的體魄，
簡言之，這些是幸福的第一要素；
所以我們應盡心盡力去促進和保存這種特質，
莫孜孜以求於外界的功名與利祿。
——人生的智慧

在一切的幸福中，

人的健康實勝過任何其他幸福，
一個身體健康的乞丐，要比疾病纏身的國王幸福得多。
──人生的智慧

只有最愚昧的人才會為了其他的幸福犧牲健康，
不管其他的幸福是功、名、利、祿、學識，
還是過眼烟雲似的感官享受罷了，
世間沒有任何事物比健康還重要的。
──人生的智慧

一般人將其一生的幸福寄托於外界事物上，
或是財產、地位、愛妻和子女，或是朋友、社會等等；
一旦失去了他們，或是他們令他失望，他的幸福也就毀了。
──人生的智慧

愉快而喜悅的人是幸福的，
而他之所以如此，
只因其個人的本性就是愉快而喜悅的。
這種美好的品格可彌補因其他幸福的喪失所生的缺憾。
──人生的智慧

快樂經常成為意志否定的障礙，
再度誘惑人們走向意志的肯定。
──愛與生的苦惱

心性不高的人，

其幸福和快樂的唯一源泉是他的感官嗜好，
充其量只能過一種舒適的家庭生活，
與低級的伴侶在一起，俗不可耐的消磨時光。
—— 人生的智慧

所需很少，
輸入愈少的國土愈是富足；
而擁有足夠的內在財富之人，
他對外界的尋求也就很少，
甚至一無所求，
這種人是何等幸福啊！
—— 人生的智慧

要知道幸福是存在於心靈的平和之中的。
所以要得到幸福，
就必須合理的限制這種擔心別人會怎麼說的顧慮。
我們要切除現有分量的五分之四，
這樣我們才能拔去身體上一根常令我們痛苦的刺。
—— 人生的智慧

現實的世界中，
不管能舉出多少理由來證明我們過得如何幸福，
但事實上，
我們只是在重力的影響下活動而已，
戰勝了它，才有幸福可言。
—— 生存空虛說

心性不高的人，
其幸福和快樂的唯一源泉是他的感官嗜好，
充其量只能過一種舒適的家庭生活，
與低級的伴侶在一起，俗不可耐的消磨時光。
　　　　　　　——人生的智慧

人類因為感到自己的不幸，
所以無法忍受別人的幸福。
相反的，當他感到幸福時——
即使只有短暫的一剎那，
立刻揚揚自得起來，恨不得向周遭人誇耀：
但願我的喜悅能成為全世界人的幸福。
　——愛與生的苦惱

儘管在人的一生中，
外在變化不斷發生，
但人的性格卻始終如一，
這好比雖然有一連串的變奏，
但主旋律卻維持不變。
無人能夠脫離自身個性。
　　　　　　——人生的智慧

享樂愈增加，

相對地對它的感受性就愈減低；

積久成習，更不覺得自己是身在福中了。

—— 愛與生的苦惱

我們生存的所謂幸福，

是指一般我們所未感覺到的事情；

最不能感覺到的事情也就是最幸福的事情。

—— 愛與生的苦惱

使我們幸或不幸的，

並非客觀事件，

而是那些事件給與的影響，

和我們對它的看法。

—— 人生的智慧

享樂愈增加，

相對地對它的感受性就愈減低；
積久成習，更不覺得自己是身在福中了。
—— 愛與生的苦惱

世界上沒有所謂完全幸福的人。
一個人最幸福的時刻，就是當他酣睡時；
而不幸的人最不幸的時刻，就是在他覺醒的瞬間。
—— 愛與生的苦惱

我們想望已久的幸福來到之後，
整個說來和繼續如此下去，
我們也不會覺得比以前更顯著的好受或舒適些。
—— 意志和表象的世界

任誰也不幸福，
人生只是追求通常想像上的幸福，
而且能達到目的者絕少；
縱能達到，也將立刻感到「目的錯誤」的失望。
—— 生存空虛說

我們都是在不幸的日子降臨，
取代了往日的生活後，
才體會到過去的幸福。
—— 愛與生的苦惱

所謂命運，
一般是指我們有些什麼，
或者是我們的名聲如何。
—— 人生的智慧

我們若能確實了解幸福原是一種迷惘，
最後終歸是一場空。
如此來觀察人世間的事物，
才能更加分明。
—— 愛與生的苦惱

愉快的精神是獲得幸福的要素，
健康有助於精神愉快。
但要精神愉快僅是身體健康還不夠；
一個身體健康的人可能終日愁眉苦臉，悒鬱不堪。
—— 人生的智慧

當蘇格拉底看到許多奢侈品在販賣的時候，
他不禁說道：這個世界有多少東西是我不需要的啊！
—— 人生的智慧

我們生存的所謂幸福，

是指一般我們所未感覺到的事情；
最不能感覺到的事情也就是最幸福的事情。

—— *愛與生的苦惱*

別人是寄存我們真正幸福的最壞之所，
也許可能寄存想像的幸福在他身上，
但真正的幸福必須存在自己身上。

—— 人生的智慧

雖然美只是個人的一種優點，
與幸福不會構成直接的關係，
但卻間接給與他人種幸福的印象。

—— 人生的智慧

「愉快」本身便是直接的收穫，
它不是銀行裡的支票，
卻是換取幸福的現金；
因為它可以使我們立刻獲得快樂，
是我們人類所能得到的最大幸事，
因為就我們的存在對必然性來說，
我們只不過是介於兩個永恆之間極短暫的剎那。

—— 人生的智慧

當愉快的心情敲著你的心扉時，
你就該大大的開放你的心扉，
讓愉快與你同在。
因為他的到來總是好的。
但人們卻常躊躇著不願太快活，
惟恐樂極生悲，帶來災禍。
——人生的智慧

財富與金錢

財富並未見得能增加人的快樂，
窮人露出愉快神色的機會，
至少並不比富人少。
由此可知，人類的快活、憂鬱與否，
絕非由財產或地位等外在的事物而決定。
——愛與生的苦惱

　　　　　　　　　心靈的財富是唯一真正的寶藏，
　　　其它的財富則都可能帶來比該財富本身更大的災禍。
　　　　　　　　　　　　　　　　——人生的智慧

許多富人常感不快樂，
只因他們缺乏真正的精神文化或知識，
結果就沒有知性活動的客觀興趣。
——人生的智慧

人樂於自己富有遠超乎獲得文化的興趣；
雖然文化對幸福的影響遠超過財富對幸福的影響，
人還是會不斷的追求財富。

——人生的智慧

我們可將財富比做海水，
喝得愈多，愈是口渴；
聲名亦復如此。

——人生的智慧

我們看到許多人像螞蟻一樣，
整天勞勞碌碌，忙著不停以聚集財產；
除了只知搞錢外，其它便一無所知。
這種人的心靈既空白一片，
結果是對任何其它事物的影響便麻木不仁了。

——愛與生的苦惱

有時財富反而妨礙幸福，
因為保存財富常令人帶來許多不可避免的懸念。

——人生的智慧

許多富人常感不快樂，

只因他們缺乏真正的精神文化或知識，
結果就沒有知性活動的客觀興趣。
——人生的智慧

我們若考慮到人類的需要是何等的多，
人類的生存如何建築在這些需要上，
我們便不會覺得驚訝，
財富為何比世上其他束西更為尊貴，
為何財富占著極為榮耀的位置。
——愛與生的苦惱

我們也不會對有些人把謀利當成生命的唯一目標，
並且把其他不屬此途者——如哲學——
推至一旁或拋棄於外而感到驚訝。
——愛與生的苦惱

一種平靜歡悅的氣質、快快樂樂的享受、
健全的性格、理知清明、生命活潑、
洞徹事理、意欲溫和、心地善良，
這些都不是身分與財富所能作成或代替的。
——人生的智慧

與守財奴交朋友，
不但沒有危險，
而且還有好處，
它能為你帶來很大的利益。
—— 人生的智慧

遺傳的財富若為具備高度心智力的人所獲得，
這筆財富才能發揮最大的價值。
—— 人生的智慧

人若有一筆頗足一生的財富，
他便該把這筆財富當作是抵禦可能的禍患和不幸的保障，
而不應把這筆財富當作在世上尋歡作樂的許可證，
或以為錢財本當如此花用。
—— 人生的智慧

如果他從來不需要自己所收藏的財富，
總有一天，這些財富將會有益於那些得天獨厚的別人。
—— 人生的智慧

我們可將財富比做海水，

喝得愈多，愈是口渴；
聲名亦復如此。
—— 人生的智慧

財富的喪失，
除了第一次陣痛外，
並不會改變人的習慣氣質，
因為一旦命運減少了人的財產，
他立即自動減少自己的權利。
—— 人生的智慧

如果世界是一個安樂園，
遍地布滿著蜜糖與香乳，
每個人都能隨心所欲，投懷送抱，
這種世界的人不去上吊，也會煩死的。
—— 人生的智慧

人們常為了希求金錢和熱愛金錢超過一切而受到斥責；
但這是很自然和不可避免的事。
—— 人生的智慧

財富的喪失，

除了第一次陣痛外，
並不會改變人的習慣氣質，
因為一旦命運減少了人的財產，
他立即自動減少自己的權利。
—— 人生的智慧

所有的好都是相對的，只有錢才是絕對的好，
因為錢不但能具體的滿足一個特殊的需要，
而且能抽象的滿足一切。
—— 人生的智慧

無數的人們當他們有錢時，
把金錢拿來購買暫時的解放，
以求不受煩悶感的壓迫，
到頭來，他們終於發現自己又貧困了。
—— 人生的智慧

能夠促進愉快的心情者不是財富，卻是健康。
—— 人生的智慧

若有一筆錢可以使人不需工作就可獨立而舒服地過日子，
即使這筆錢只夠一個人用 —— 更別提是夠一家用了 ——
也是件很大的便宜事；因為有了這筆錢，
便可以免除那如慢性病惡疾般緊附於人身上的貧窮，
可以自幾乎是人類必然命運的強迫勞役中解脫。
—— 人生的智慧

有時財富反而妨礙幸福，

因為保存財富常令人帶來許多不可避免的懸念。

——人生的智慧

凡是白手起家的人們，

常以為引他們致富的才能方是他們的本錢，

而他們所賺的錢卻只相當於利潤，

於是他們盡數的花用所賺的錢，

卻不曉得存一部分起來做為固定的資本。

——人生的智慧

叔本華簡略生平

叔本華（德語：Arthur Schopenhauer，1788 年 2 月 22 日～1860 年 9 月 21 日），著名德國哲學家，唯意志論主義的開創者，其思想對近代的學術界、文化界影響極為深遠。他繼承了康德對物自體和表象之間的區分，認為它是可以透過直觀而被認識的，並且將其確定為意志。

叔本華認為，意志是獨立於時間和空間的，它同時亦包括所有的理性與知識，我們只能透過沉思來擺脫它。叔本華把他著名的悲觀主義哲學與此學說聯繫在一起，認為被意志所支配最終只會帶來虛無和痛苦。他對心靈屈從於器官、慾望和衝動的壓抑、扭曲的理解啟發了日後的精神分析學和心理學。

1788 年 2 月 22 日，叔本華生於德意志但澤（今波蘭格但斯克）。父親海因里希·弗洛里斯·叔本華是一名富商，母親約翰娜·叔本華是當時頗有名氣的小說家。叔本華父親在生意受創之餘投水自盡，叔本華早年將之歸罪於其母親，加上生活方式的衝突，叔本華一生和母親交惡。

叔本華早年在英國和法國接受教育，能夠流利使用英語、義大利語、西班牙語等多種歐洲語言和拉丁語等古代語言。他最初被迫選擇經商以繼承父業，在父親死後他才得以進入大學。1809 年他進入哥廷根大學最初攻讀醫學，但後來把興趣轉移到了哲學。1811 年時，他在柏林學習了一段時間，並在那時起對費希特和施萊爾馬赫產生了濃厚的興趣。他以《論充足理由律的四重根》獲得了博

士學位。當時大文豪歌德對此文非常讚賞，同時發現了叔本華的悲觀主義傾向，告誡他說：如果你愛自己的價值，那就給世界更多的價值吧。叔本華將柏拉圖奉若神明，視康德為一個奇蹟，對這兩人的思想相當崇敬。但厭惡後來費希特、黑格爾代表的思辨哲學。

1814 年至 1819 年間，在理智的孤獨中完成了他的代表作品《作為意志和表象的世界》，這部作品受到了印度哲學的影響，被認為是首部將東西方思想融合的作品，但發表後無人問津。叔本華這麼說他的這本書：「如果不是我配不上這個時代，那就是這個時代配不上我。」

但憑這部作品他獲得了柏林大學編外教授的資格，在這裡的一件著名的事情是他選擇與自己認為是沽名釣譽的詭辯家的黑格爾同一時間授課。但黑格爾當時正處於他聲名的頂峰，叔本華自然沒能成功，很快他的班上就只剩下兩三個人，最後一個也不剩了。

1831 年 8 月 25 日，柏林爆發大型霍亂，叔本華本來打算與當時的愛人一同離開柏林，後來對方以照顧家人為由拒絕了他，二人最終分道揚鑣，叔本華獨自逃離柏林。同年 11 月 14 日黑格爾因霍亂死於柏林。1833 年在大學受挫之後，他移居法蘭克福，並在那兒渡過了最後人生寂寞的 27 年。

1837 年，他首度指出康德《純粹理性批判》一書第

一版和第二版之間的重大差異。之後他出版了多種著述，1841 年出版了《論意志的自由》和《論道德的基礎》兩篇論文的合集，第一篇是挪威皇家科學院的有獎徵文；第二篇是丹麥科學院的有獎徵文，於是他鄭重的說明，第一篇論文獲科學院褒獎，第二篇未獲科學院褒獎，在之後的書中他一再對丹麥科學院冷嘲熱諷，在他成名後，丹麥科學院也成了一時間的笑柄。但這本書也幾乎無人問津。1844 年，在他堅持下，《作為意志和表象的世界》出了第二版。第一版此時已早已絕版，且未能引起評論家和學術界絲毫興趣，第二版的購者結果也寥寥無幾。1851年，他完成了對《作為意志和表象的世界》的補充與說明，結果就是這篇以格言體寫成的《附錄與補遺》使他獲得了聲譽，使他瞬間成了名人。有人寫了《叔本華大辭典》和《叔本華全集》，有人評論說他是具有世界意義的思想家。

　　1859 年，《作為意志和表象的世界》的第三版引起轟動，叔本華稱「全歐洲都知道這本書」，他在第三版序言中寫道：「當這本書第一版問世時，我才 30 歲，看到第三版時卻不能早於 72 歲。總算我在彼德拉克的的名句中找到了安慰：『誰要是走了一整天，傍晚走到了，那也該滿足了。』」

　　叔本華在最後的十年終於得到了聲望，但他仍然過著

獨居生活，在身邊陪伴他的只有數隻貴賓犬，其中，以梵文「Atman」（意為「靈魂」）命名的一隻最為人熟悉。1860 年，叔本華因肺炎惡化去世，他在遺言中說：「希望愛好他哲學的人，能不偏不倚地，獨立自主地理解他的哲學。」

　　叔本華脾氣火爆，對人類深惡痛絕，對其他動物卻很有愛心。他曾因為瘋狂的髮型、過時的衣著、坐在路邊的長椅上對著自己養的小狗痛罵人性的醜惡而被路人嘲笑他有精神病。他尤其討厭愚昧的人和噪音製造者，甚至還曾因為噪音問題而跟一位四十七歲的鄰居女裁縫爭執，將她推下樓，導致對方的手臂終身傷殘，叔本華被一狀告上法庭，雙方對簿公堂長達五年，最終法官判該名女裁縫勝訴，先處叔本華罰金三百個塔勒，並勒令叔本華每年必須支付她六十個塔勒，季繳。二十年後，該名女裁縫終於死了，叔本華在其賬本記下：「老婦逝，重負釋。」

　　以下是對叔本華哲學思想的簡單介紹：

對康德哲學的批判
　　叔本華對康德是充滿讚美之情的。在對康德哲學批判的附錄標題上，他引用了伏爾泰的話：「真正的天才可以犯錯而不受責難，這是他們的特權。」

叔本華認為康德的最大功績不是他的認識論，而在於他劃分了表象和物自體之間的區別。他認為康德錯誤地假定知覺包括想像，將直觀和思維混淆起來。康德構造了將感性直觀和知性十二範疇共同構成經驗對象的理論。叔本華發現若按照這種理論，表象世界就成了既是直觀又是思維，既非直觀又非思維的東西。而且這樣一來動物要麼就具有思維，要麼就連外在世界的表象也沒有了，這顯然是不合情理的。

　　在康德那裡，因果律是先驗的，所有的經驗知覺都是處於主觀之上，不可能區別或認識物自體。而叔本華認為僅用直觀我們就能獲得經驗對象。關於物自體的知識，是通過理智這種內在感覺而獲得的，它只在時間的形式中被認識。

作為意志和表象的世界

　　叔本華建議讀這本書的前提是《純粹理性批判》、《論充足理由律的四重根》以及他對康德哲學的批判。更確切的說，這本書的主旨是作為表象但最終作為意志的世界，而不是將兩者並列的。在這本書中，叔本華試圖解決康德哲學遺留下的難題。和費希特、謝林、黑格爾等人取消物自體的做法不同，叔本華保留了物自體，並將其定義為意志。所以這整部書都是為了闡述這一思想的，他從寫下這本書到去世為止堅信自己已經解決了世界之謎。

這本書分為四個部分，第一部分重新詮釋了充足理由律，解釋為什麼現象世界必須通過充足理由律來了解；第二部分提供了意志顯現的細節，它是一種既不滿足又不停止，盲目的衝動，要求人從自身存在本質即慾望之中解放出來；第三部分試圖通過對自然和生命的審美，即藝術中獲得一種短暫的慰藉；第四部分以倫理學和禁慾主義的形式提供一種可能獲得拯救的方式。

對於叔本華而言，世界分為兩部分：一方面是表象，一方面是意志。主體是認識一切而不被任何事物所認識的，是世界的支柱，我們每個個人正是這樣一個主體。而客體則是我們通過先驗的時空範疇去認識的事物，比如我們的身體。主體和客體共同構成作為表象的世界，故而是不可分的。叔本華認為人們的先天認識只有時間、空間和因果律，而這些東西都只在表象間發揮作用、形成聯繫，和意志本身無關。感性、知性和意志之間不存在因果關係。所以一切表象的存在都是意志的客體化。他認為一切表象的存在源於兩種完全不同的形式，其一是感性和知性，其二是意志。

人的一切行為是由意志活動和行為活動兩方面構成的，在叔本華看來兩者是具有同一性的。這裡好像他犯了個錯誤，即我們通常認為想做某件事和去做某件事有著不可逾越的鴻溝，是完全不同的兩碼事，這是曲解了叔本華關於意志的定義。在叔本華看來，意志活動不是感性和知

性，即思考過程的那種活動，因為這種活動屬於表象，和物自體即意志無關。意志只在行為活動中使自己現身，事實上它應該被理解為某種無法抑制的衝動，確切的說是盲目的衝動，某種非理性的慾求。我們所有的行為都是這種盲目的衝動，一切表象中的活動只是使我們感覺自由的假象。意志是一種不能被克服的東西，我們每一行為都是意志的現身。

對於那些非生命體，純粹物理的對象，意志似乎並不存在，但叔本華駁斥了這種觀點。他認為在無機的自然中，意志在普遍的自然力中使自己獲得客體化。就像人類行為一樣，意志就在那往下掉落的石頭中使自己現身。這樣，作為意志最終呈現的問題被解決了，這一形上學的概念就在無處不在又漫無目的永不滿足的力中使得自己現身。意志實質上在叔本華那裡就是控制我們所處的表象世界的外在因素。

美學

叔本華是個涉獵廣泛的美學家，他對音樂、繪畫、詩歌和歌劇等等都有研究。他把藝術看作是解除人類存在的痛苦一個可能途徑。在《作為意志和表象的世界》第三部分，他對柏拉圖表示了敬意，在這裡他討論了藝術以及藝術的積極意義。他認為藝術是獨立於充足理由律之外的表象，所以它能擺脫意志無處不在的訴求。而這種藝術的表

象和柏拉圖的理念論有相似之處。

柏拉圖的理念論是為了解釋這樣一個問題：我們遇到的各種事物中，有些事物與另一些如此相似，如果不是因為它們的個體性就幾乎分辨不了。於是就有了共相和殊相的問題，在柏拉圖看來，只有理念是永恆的，而經驗世界是處在不斷變化中的。叔本華意識到柏拉圖的理念論和康德的物自體有異曲同工之妙，康德認為知識只是在認識表象而不是自在之物，柏拉圖認為我們認識的經驗世界不是真正的認識對象，只有理念才有意義。

叔本華借鑑了他們兩者的思想。康德的物自體不能被完全認識但能被直接認識。意志作為自在之物，不從屬於時間、空間和因果律，因此不是個體化地被認識。柏拉圖的理念則可以在作為意志的客體化在客體化的對象中被找到。所以一切藝術就是對理念的直接把握，是理念的一個具體顯示。這種把握和顯示同樣具有一種絕對的普遍性和超時間或空間的本質，所以它就具有這樣一種能量，能將人類從永不休止的慾求中解脫出來。於是美也就具有了極高的價值。

叔本華認為藝術品具有一種超時間的本質，而音樂同時具備超時間和超空間的本質，所以音樂不只是對理念的複製，它還更接近意志其本身，所以它也就具有一種更高的價值。對叔本華來說，音樂和表象世界幾乎是並列的存在。但這種美都只能使人們從意志那裡得到暫時的解脫，

因為這種對於美的訴求只能使人陷入意志其本身的陷阱中去，所以它仍然具有一定的局限性。

悲觀主義和禁慾主義

叔本華的悲觀主義有時被解釋是受他的家庭環境因素而造成的。他的父親易怒而憂鬱，他的母親自私而冷漠，但這不是從他的哲學層面上來探討的。

叔本華的形上學構建於兩個基礎概念之上：（一）是表象和意志雖然是同一的，並且共同構成世界，但意志是決定性的，任何表象都只是意志的客體化；（二）是意志永遠表現為某種無法滿足又無所不在的慾求。於是世界本質就是某種無法滿足的慾求，所以從邏輯上說，它永不可能被滿足。所以如果不能滿足的慾求是某種痛苦，那麼世界就無法擺脫其痛苦的本質。

人們只是永遠試圖使自己的慾求滿足，但這種滿足卻更加證明和顯現了意志本身，這被叔本華認為是世界上最悲哀的事情。所以他認為無論一個人是樂天派還是悲觀派，都不能擺脫根本上的痛苦，樂天派只是對現實的躲避，是自我欺騙所造成的假象。所以對悲觀主義的懷疑者們只能從叔本華的形上學上進行爭論而不是爭論悲觀主義本身。

叔本華的這種論調有時候使他被認為是虛無主義者，但事實上叔本華認為生命具有某種意義，雖然它是一種消

極的意義。意志本身雖然無法逃避，但意志本身卻體現了某種意義。在《作為意志和表象的世界》一書第四部分中，叔本華提供了一種以禁慾主義的方式來找到希望的可能。他認為人只有在擺脫一種強烈的慾望衝動的時候才能獲得其根本上的自由，只有打破意志對於行為本身的控制，才能獲得某種幸福的可能。但叔本華卻又強調這種禁慾主義的行為方式其本身就是一種苦行。

論命運

叔本華是一個徹底的宿命論者和決定論者。表象間受到因果律的影響，而表象和意志間沒有聯繫。意志通過某種超因果律的卻又基於因果律的法則和表象世界發生關係。發生的一切事情都按照其嚴格的必然性而發生，我們所感覺到的自由意志仍是處於表象世界的活動，而我們所觀察到的任何表象以及人的任何行為都受到意志這樣一種神秘的力量的控制。這種觀點可以被歸納為這樣一句話：我們可以做我們可以做的，但不能想我們不能想的。

叔本華的這種決定論受到了兩位物理學家愛因斯坦和薛丁格的強烈認同，他們都認為這種對自由意志的解釋給予了他們莫大的安慰。

論死亡

叔本華不贊同自殺，因為自殺行為正是肯定了意志本

身的顯現。但同時他也認為死亡並非什麼不好的事情,他的論點基於他的形上學,即一切事物必有其生成的原因。他認為人們對於死亡最大的恐懼在於他們無法想像這樣一個事實:我死了,但這個世界卻仍然運行著,而這個觀點的錯誤在於人們認為死亡代表了自己的表象歸於無。叔本華認為人類的出生和死亡都有其內在的原因,而一切事物的變化都只在於表象之間。出生只是從前一狀態轉變而來的,所以不是一種無的狀態。同樣,死亡也不是歸於無,而只是以另外一種狀態存在於表象世界中。

論教育

叔本華認為我們的知識來自於直觀感覺對於客體一種直接把握,然後經由抽象思維將它概括為某種概念。因此人們在學習時應該遵循直觀知識先於概念知識的順序。他認為現實中的教育則完全相反,小孩們往往先被灌輸許多不曾接觸過的概念,只有在他們成年後才能接觸到直觀知識,這導致了人們的判斷力直到很晚才成熟起來。這種觀點被他挪用到人際交往中,他認為孩子們只聽到那些美好的故事,對真實生活的痛苦卻一無所知。這種現象導致了人們隨著年紀的增長,知識沒有隨之有更多的增長,而只是通過直觀知識來排除已有的錯誤概念。

論基督教

叔本華有時會被認為是反基督，或者是無神論的，但他同時實際上是肯定基督教的內在含義及其本質的。

在《作為意志和表象的世界》第四章「作為意志的世界再論」中，叔本華對其基督教的思想和其他宗教的思想作了很好的闡明。就其對基督教的思想看：一方面基督教經典帶著其荒謬、無稽、毫無意義的神話故事出現在世界，千百年來被濫用、扭曲；另一方面，叔本華對於基督獻身十字架，自願性地對作為表象存在的世界及自我的最終揚棄，從而實現了對作為意志的最終回歸這一歷程的完全肯定與讚揚。所以說叔本華既是無神論者，又是宗教的完全認同者。

綜合影響和評價

叔本華認為「意志是世界的表象」，而意志則意味著衝動、奮進和渴望，它沒有終止的界限，也沒有最後的目的。他認為世上的萬事萬物都受到意志的支配，不論人、動植物，還是無生物，都是意志的體現。具體說來，人的一切活動，比如生長、消化、循環、分泌、生殖等，全是意志的活動，是意志的客觀化和具體化。

叔本華還指出了世界與人的關係：一方面，世界在時間上是無限久遠的，而在空間上則無限遼闊，我們作為個體，只是無常的意志現象。另一方面，世界的無限恰好存

在我們心中，世界的意志只是在我們這裡才獲得自我意識；換言之，世界是我的表象，世界是我的意識；因此，世界與人的關係是相輔相成的，宇宙和個體是同一的。此外，叔本華還認為，不僅我們的理性，而且還有我們的知覺、想像等，都為意志所支配，甚至記憶力也是意志的奴僕。他說，這只要看看我們對勝利的記憶是如何的長久，對失敗的遺忘又是如何迅速就知道了。總而言之，世界的本質是意志，而人從心靈到肉體都是由意志決定的，因此人的本質也就是意志。

叔本華所說的意志，實際上是一種慾望，一種對一切的迫切要求；而慾望是無窮的，是無止境的，永遠不能得到完全的滿足。人的慾望得不到滿足，就會覺得人生的痛苦。一天不能得到滿足，就痛苦一天，而又沒有一次滿足是可以持久的，每一滿足都是新的慾求之起點。這樣，意志的世界便面臨著無窮盡的煩惱和痛苦。叔本華把人生描繪成到處充滿著痛苦和悲慘的世界，人生來就帶著痛苦，沒有一天能夠得到徹底的解脫。至於人之所以遭受不幸，他認為根源於人類自身，根源於人的求生意志──求生意志表現在每一個生命個體為了自己的生存而進行的永無止境而又徒勞無益的追求和爭鬥中。最後，叔本華說，世界就是地獄，人就是惡魔。

此外，叔本華為了具體地說明人生的不幸與悲慘，他論述了性愛與死亡。他說，性的關係是人類世界的世襲君

主，是生存意志的核心，是一切慾望的焦點，因為性愛使人類得以延續；也正是性愛，不但沒有使無窮盡的痛苦結束，卻使那些痛苦、辛勞和糾紛繼續下去，因為新的生命個體又將誕生。這樣可以看出，戀愛不是為了自己的幸福，而是為了種族的延續，為了將來的生命，因此，戀愛是不幸的，是人生解脫的叛徒。至於死亡，叔本華認為，世界上每個人都乞求生存，每時每刻都在和死亡鬥爭，但是，死亡必然勝利，人的努力注定失敗，死亡只不過在玩弄它的捕獲物，而從中得到滿足罷了。總之，世人的生活充滿痛苦或無聊，世界是罪惡的，人都是吃人的狼，人生就是不幸的。在這個意義上，人生是不值得的，生命沒有什麼好珍惜的。這就是叔本華的悲觀主義人生觀。

既然人生是那麼悲慘、那麼不幸？人類怎樣才能擺脫痛苦呢？叔本華認為只有禁慾和自殺兩種方法。人都有慾望，而又不能完全得到滿足，只有禁慾才能獲得精神上、肉體上的解脫。而禁慾的第一步就是徹底、自願地不近女色，不要性的滿足；第二步表現於自願地故意造成貧困、苦行，以使生活的甜蜜不來激動意志，使慾望之火無從點燃。而自殺是當事者對臨到他頭上的那些條件不滿，企求無阻礙的生存而採取的一種行動。叔本華說：「自殺是在脫離此悲慘世界而求得真正的解脫。」又認為：「世上即使是最健康和愉快的人也可能自殺，只要他對外在的困難和不可避免的惡運的恐懼超過了他對死亡的恐懼，就自然

會走上自殺的路。」叔本華哲學中的悲觀主義是同非理性主義聯繫在一起的。他認為，理性（知識）與意志是對立的，意志總想限制理性，而理性卻總想識破意志的本質。既然意志的本質是痛苦，那麼理性所發現的就只能是所謂智慧的痛苦，特別是富有智慧的天才人物，為此經常會陷入憂鬱。天才所以伴隨憂鬱，就一般來觀察，那是因為智慧之燈愈明亮，愈能看透生存意志的原形。

叔本華哲學中一個重要組成部分是他關於藝術和美的問題之論述。他認為，藝術和審美起源於人們擺脫現世痛苦的慾望，是掙脫意志束縛的行為。他說：「藝術是模仿自然來創成美的。」而藝術中的音樂「不同於其他藝術……而是意志自身的寫照。」叔本華分別論述了由低級到高級的各個審美對象——自然物和建築物、歷史畫和歷史雕刻、人體美、詩歌等，還論述了壯美和優美，悲劇、喜劇等美學範疇。叔本華在審美活動中既排斥意志，也排斥「知識」，完全依賴單純的直覺，這使他的美學觀帶上非理性主義之特徵。他認為人的審美和藝術活動是短暫的，只要它一結束，人就會重新落入意志的桎梏而陷於痛苦之中。這就使他的美學觀罩上淒涼的色彩，成為他的整個悲觀主義哲學的一環。

由於叔本華非常厭惡他的母親，進而仇視一切女人，他認為：「虛偽和佯裝是女人的天性，即使是賢女和愚婦，也沒有太大的差別。」他說女人先天就有不貞、背

信、忘恩等毛病，公開主張不能賦與她們土地或資本的繼承權利，只能充當滿足男性的不可或缺之階級。為此，他還提倡一夫多妻制。基於這種思想，他終身沒有結婚，過著寂苦的獨居生活。關於愛情，他認為情愛和婚姻是自然的陷阱。兩性間情慾的滿足，美其名是愛情的結合，使人類生生不息；其實是繼續排演人也間永恆的悲劇，永無止期。凡具有高度智慧的人，都恥與偽裝情人的女人為伍。

叔本華哲學是一種令人窒息，令人迷惑的哲學。他把世界看成到處充滿悲慘、不幸的墳場，而人的一生永遠伴隨著痛苦，只有自殺才能得到解脫。把情愛說成只為了種族的延續，根本無幸福可談。此外，他哲學的自相矛盾更表現在他的思想和行為上。他奉勸人們不要貪財，不要成為守財奴，要濟貧助窮，而他自己卻把各種債券和票據藏在舊信之間，金子放在墨水瓶下；他要求人們禁慾，不要性的滿足，但他卻有過多次色情而不嚴肅的性愛事件，以致有了私生子；他認為人生是悲慘的、不幸的，不值得留戀，但他自己卻謹小慎微，貪生怕死，以致於在公共場合宴飲的時侯，隨身帶著皮革製的杯子。

當然，叔本華哲學也是一種內容深刻，令人深思的哲學。他從其悲觀主義人生哲學出發，深刻地揭示了人性中的「惡」，以哲人的敏銳和無畏道出了他身處的那個社會與時代的悲劇性，荒誕、虛偽與不幸，對諸如世界、人與人格、生命、名位、痛苦、解脫等等令人困擾的問題，提

出了一些耐人尋味的見解。

　　綜觀叔本華的思想對學術界和文化界影響極為深遠，他所開創的非理性主義思潮不但影響了華格納、蕭伯納、尼采、托爾斯泰、莫泊桑、維根斯坦、柏格森、薩特、霍克海默等眾多文人和哲學家，甚至連愛因斯坦、薛丁格、弗洛伊德和榮格等科學家皆受其影響。華格納和尼采非常崇拜叔本華，華格納將其歌劇《尼伯龍根的指環》獻給叔本華，而尼采甚至稱叔本華為自己的「父親」（法蘭克福學派其中一個代表人物霍克海默亦稱叔本華為自己的「心靈之父」)並撰寫了《作為教育家的叔本華》來紀念他。而莫泊桑亦曾戲稱他為「人類歷史上最偉大的夢想破壞者」。清末民初的國學大師王國維的思想亦深受叔本華的影響，在其著作《人間詞話》中以叔本華的理論評宋詞；還曾藉助其理論發展了紅學，成就頗高。

國家圖書館出版品預行編目資料

叔本華格言集，林郁主編，
　初版-- 新北市：新視野 New Vision，2019.10
　　面；　公分 --
　　　ISBN 978-986-98077-0-8（平裝）
1.格言

192.8　　　　　　　　　　　　108012874

叔本華格言集

主　　編　林郁
出　　版　新視野 New Vision
製　　作　新潮社文化事業有限公司
　　　　　電話：(02) 8666-5711
　　　　　傳真：(02) 8666-5833
　　　　　E-mail：service@xcsbook.com.tw

印前作業　東豪印刷事業有限公司
印前作業　福霖印刷有限公司

總 經 銷　聯合發行股份有限公司
　　　　　新北市新店區寶橋路 235 巷 6 弄 6 號 2F
　　　　　電話 02-2917-8022
　　　　　傳真 02-2915-6275

初版一刷　2019 年 11 月